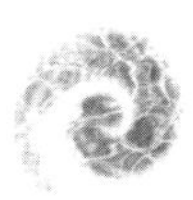

謹以此書獻給我心中所愛
與我走過生命旅程的妻子

秀芳

她愛我
風暴中
支持我
衝突後
接納我
我軟弱
仍愛我

陳校慈 著

▼

教會事工系列

人際衝突與靈命塑造

Interpersonal Conflict & Spiritual Formation

作者

陳校慈 Chan, Hau-chee

責任編輯

張小鳴

裝幀設計

郭曉勤

■

出版 / 發行

基道出版社

香港沙田火炭坳背灣街 26 號富騰工業中心 10 樓 1011 室

LOGOS PUBLISHERS

Unit 1011, 10/F, Fo Tan Ind. Centre, 26 Au Pui Wan St., Shatin, Hong Kong

電話：(852) 2687-0331　傳真：(852) 2687-0281

網址：https://www.logos.com.hk

承印

陽光（彩美）印刷有限公司

●

5/1999 初版　2/2000 二版　9/2002 三版

Cat. No. LP520-3B

ISBN-10: 962-457-148-1

ISBN-13: 978-962-457-148-6

刷次	14	13	12	11	10	9	8	7	6	5
年份	2029	2028	2027	2026	2025	2024	2023	2022	2021	2020

王序

「一顆解除武裝的心才能流露和平。

「若我們被恐懼失敗所籠罩，和平是不可能的。若我們對別人的恐懼超過對別人的信任，和平是不可能的。若生活是常常那樣忙忙亂亂，和平是不可能的。若我們看擁有甚麼比我成了怎樣的人還重要，和平是不可能的。若野心已蠶食我們的內心，若我們的自我價值只能靠奮鬥的目標和滿檔的日程表來肯定，和平是不可能的。若消費比禱告還重要，和平是不可能的。若我們看別人的存在是一種妨礙，而非神的作為之彰顯，和平是不可能的。

「若我們不再需要控制一切，不再需要擁有一切，不再需要知道一切，不再需要勝過所有人，不再需要所有人跟自己一樣，這才能流露和平。

「內心的爭戰止息，才能流露和平。我們內心的爭戰，往往是外在與人爭鬥之前奏。所有爭鬥皆源於內心。

「十字架是尋求和平的答案。我們不期望人生沒有爭執，我們不期望人生是完美。但我們可期望死亡之後可見生命，黑夜之後將有黎明。」

——戚頌安（Joan Chittister）

好友校慈兄有關處理人際衝突之佳作付梓出版，謹引上述短文代序。若父神悅納，此書在祂的恩手中可補華人教會一大破口。願神使用此書培育更多和平之子，見證天國和平的福音。

「使人和睦的人有福了，因為他們必稱為神的兒子。」(太五9)

王志學

九九年三月二十七日於洛杉磯

再版序

四個月前，我在紐約福特翰大學(Fordham University)一個靈命導引碩士課程中畢業了。這次畢業，與以往三次神學畢業大不相同。

從建道(1981年)到中神(1988年)，再從中神到富勒神學院(1995年)，我畢業時的心情是神完意滿，亟欲一展自己的才華。現在我卻「無言」。我在神的光華與寂靜中，深覺自己的不配和被愛。我感到自己正被主導引，進入一個安於不被看見、不展才華的生命歷程中。

以往我讀神學，是感到自己愈來愈有；現在我卻感到自己愈來愈無。我相信這是藉主耶穌的恩典，與自己深深和好(peace with myself)的結果。而與自己深深和好，是化解人際衝突的關鍵。

我愈來愈確信，現在華人教會不但需要神學家及忠心耿耿、愛護羊羣的牧者，華人教會最需要的，是結合生命和塑造生命的華人靈命導師(spiritual director)。在這種人人回歸於基督之愛的生命運動中，在華人教牧、長執、信徒真正與神和好、與己和好、與人和好的恩典旅程中，華人教會不止息的人際衝突才能得著根治，迎向曙光。華人教會的增長才能紮好根基，開花結果。

校慈　於紐約初秋

二○○二年九月十一日

目錄

前言　我的道路

祢使我進入網羅，把重擔放在我的身上。祢使人坐車軋我的頭。我經過水火，祢卻使我到豐富之地。

詩六十六 11~12

這世界有兩種強大的力量：一種為愛的力量，一種為恨的力量。這兩種力量都經過心靈創傷的洗禮。心靈創傷能使人更堅強、更寬容、更接近人和更有醫治別人創傷的能力。反之，心靈創傷也可以使人變得更脆弱、更過敏、更苦毒、更憤怒和惴惴不安。

我自小在宣道會觀塘堂長大，肢體同心事主的氣氛，王克章牧師仁愛溫厚的風範，常常策勵著我。在我三十歲以前，偶有聽聞一些教會紛爭了，分裂了。我在心中暗自評斷：這些牧者、肢體和教會，一定有很嚴重的問題，才會落到如此地步。感謝主，我出身於一間溫暖的教會，這些問題似乎永遠與我無關！

一九八八年六月，在我取得中國神學研究院道學碩士學位時，我對自己說：「我即將開始的教會牧養應該比其他同班同學優勝！」因為在八一至八五年，我已成功建立了一間教會。我當年卅一歲，已婚，一切前景都令人感到滿有保障。

一九八八年到九三年，我建立了一間以人的關係為中心、富有人情味的教會。我和大多數領袖都建立了親切關係。我能夠和他們討論不同的看法和內心感受。這時教會正處於移民高峯期，每年我們都有 10 至 15% 肢體移民，但教會仍增長到 120 人。九二年十二月六日，我被按立為牧師。一切非常美好。萬萬想不到，這時我和教會正進入一個人際解體的旅程。

九三年二月，教會執事會決定請一位公開指責教會領袖、多次對牧者無禮的非會友，選擇悔改或離開教會。這位肢體不願悔改。兩個星期之內，教會收到三十七位肢體的聯署反對信。有些肢體將對教會的控訴帶到母堂執事會主席和我曾就讀神學院的教務長那裏。我承受了不能想像的巨大壓力。執事會開了極多次會議，結果是維持原判。我支持執事會的決定。那半年間，教會關係網大破裂：失望、憤怒、灰心、嫉恨、批評、對抗充滿了整間教會。我還要常常上台講道，面對凝固了教會的沈重氣氛和不少冰冷的眼神。散會後，我許多時默禱很久，待不少肢體離去後，我才敢站起來。這期間約有二三十位肢體離開教會。

九三年十月，我往洛杉磯富勒神學院參加教牧學博士課程的「小組研究」。我親眼目睹老師解決同學間彼此不滿的情緒，和互相坦誠對質的過程，我相信這些經驗提昇了我解決人際衝突的技巧和勇氣。

九四年三月間，一位肢體和我吃飯，向我提及教會一年前出現的分裂事件。我滿懷信心地向他說，只要我還在這間教會，教會絕不會再分裂。三個月後，教會發生了第二次分裂。

九四年六月，教會進行執事選舉提名。按照教會多年選舉章則，被提名的候選人必須被牧者甄別。我和女傳道按照選舉章則賦予牧者的甄別權力，拒絕了兩位被提名者的被選舉權。這又引來極大不滿。近廿位肢體彼此聯絡，閉門會議。他們要求我們兩人詳細解釋否決這兩位肢體被選舉權的原因。我和女傳道向這羣肢體的兩位代表解釋原因，又再一次和被否決的兩位肢體交談解釋。結果不被接納。這羣肢體認為教會黑箱作業，廿多人在數星期裏離開了。我急切地和肢體個別解釋，結果徒勞無功。我深信某一位肢體一定聽我的意見，因為我有大恩於他。他母親兩次病危時，我多次到醫院和他家探訪，又發動教會代禱。其母親曾經稍為好轉，並接受了主，有新的喜樂。我持續探訪和關懷其家庭。最後我和教會全力為其母親安排安息禮拜。但我向這肢體解釋了一小時，竟然不及他朋友幾句說話。在教會第二次陷於困難和分裂時，他竟是第一個離開的人。

九四年六月中，我接兒子君軒回家，經過被夕陽餘暉照得金光閃爍的沙田城門河橋上，我心境何等低沈！我很想很想立刻跳到城門河裏。在那段日子，我曾往作牙醫的好朋友處檢查牙齒。她告訴我：「你大部分的牙有磨蝕迹象，應是在睡夢中磨牙，你是否很緊張呢？」她為我造了一副牙套，使我不再受牙蝕之苦。

大衛說：「與我吃飯的人，用腳踢我。」我經歷過了。中國諺語說人言可畏、人情冷暖。我說人言可恥、世情慘烈。以賽亞說主耶穌被藐視、被人厭棄、多受痛苦、常經憂患。彼得說主被人所棄。我正是被人和神所掩面和棄絕。我的同工、好朋友和妻子都完全不能了解我的感受。我像是一個突然被一羣人狂打一頓、被人冷落在黑夜正深的街頭的人；我像是一個有兩次離婚惡夢的夢裏人；又像是有畏高症狀、卻被綁在過山車和海盜船的第一排椅的人！那種驚惶、失措、恐慌、呆滯、憤怒、等待、折磨、荒謬、虛懸和孤單，是一種將你完全倒空、抽乾、溶解和大分離的感受。我為恨所創、更為愛所傷。我實在愛著每一個離開教會的人。

我懷著這樣的感受去加州洛杉磯，開始我的安息年假，和繼續攻讀教牧學博士課程。好朋友王志學了解我的景況，成了我的至交和屬靈兄長。九四年十月，我要確定我的論文題目，我心中一向擬定的題目是「小組和靈命塑造」。志學竟向我提議寫「人際衝突」的題目。我即時很反感，並閃過一瞬意念；「真想賞他一記耳光！」因為他很知道我的情況。我來到加州，是養傷的。重提傷痕，怎能休養？我憤怒了兩三天。隨後細想，他可能有點道理。志學的理據是建基於屬靈導引原則，主給你的傷害和經歷，會要你用出來建立別人；並且基督教圈子，特別是華人教會，非常需要且極缺乏這方面的研究。我禱告了十多天，主給了我肯定和釋放。我遂以「人際衝突和靈命塑造」為我研究的題目。

寫這論文的過程，充滿了歎息、軟弱和掙扎。離開教會、以行動或言語傷害過我的肢體，他們的容貌，隨論文的寫作，常常浮現。我在房中用電腦寫作，經常轉身跪在牀邊，為傷害過教會和我的肢體代求：求神祝福他們，給他們一家造就人的教會，助他們工作愉快、婚姻美滿。他們的面孔，在我腦中，隨著代禱和祝福的行動轉變了：初則冰冷無情，繼而平淡到有點笑意。我亦發覺自己傷害了他們，我為此感到哀傷，求神赦免。我隨著這研究，對所發生的事，有更廣更深的理解，透過經常的代禱和祝福，受創心靈得到部分的醫治。

我記得當時曾與一位資深領袖通信，我說自己一生待人真誠，對人惟愛。我在教會從不搞「政治」、不玩手段，今天竟然到此田地。當時我作了一首詩，很能表達當日心情。

主，就讓我淒慘

忙碌地在趕論文
靜靜的在駕汽車
心靈
又被過去的痛苦　輾過
過去　像個
擺脫不了的　幽靈
吸攝著你的　黑洞

苦思

像找到悲慘的因
在分析哀傷的果

心
卻
沒有脈搏
沒有安慰
沒有未來
像
寒風中壓碎在地上的 乾草
在清秋樹上掉下的 枯葉
被人燃燒後棄置的 老樹
被烈火烤得青黑的 禿石
被主人遺棄的 狗
陣痛
神傷
歎息
無奈
是
一場不完的 驚夢
周而復始的 重壓
天問
主 這次

真太過
聽說
火要與木合一
木成通紅的炭　發出光輝之前
必先被火焚燒　啊
照亮黑暗
求主　差遣天使
給我力量
差派聖靈
為我滋潤
使我學主
以信心的眼光
看見重重黑暗背後的
光明雲彩

校慈於加州 Franksworth 公園
九四年十二月十四日
主誕前　早上十時七分　清涼

神特別透過兩位人物的說話使我在破碎中得到重建。第一是在富勒神學院教授「領袖學」的甘羅拔博士。甘博士指出，在聖經、歷史及當代信徒領袖中，大多數被神重用的屬靈領袖都經過被棄絕、被眾人離棄的黑暗旅程。這個發現令我鼓舞。我的破碎歷程可以是非常正面的，它甚至是提昇我領導才能的里程碑。第二是當我讀十架約翰（St. John of the Cross）的著作時，驀然看見他說每個人都在追求別人對自己的肯定、了解和接納，但他說：「不被人肯定、被人誤解、被人拒絕正是使我們更像基督的途徑。」十架約翰這句警語一矢中的，且有千鈞之勢。它使我認識和體會到被人棄絕和與基督聯合、靈命成長的確切關係。

今天的我，竟有更深的情，更易為別人的苦難而流淚。當我看電影《超級插班生》，我為年齡十歲而有四十歲身軀、孤立無助的積克而落淚。我看電視時，為了一位被燒傷面、燒了手指仍堅強上學的小孩而哭。我變得堅強。我學到堅定而柔和地站穩立場和對質別人。我不再努力平衡各路英雄的喜惡和意見。我不再在教會搞膚淺泡沫化的人際關係。主成了我的密友。在閱讀屬靈操練經典時，我有更深的了解能力。我走過十架約翰所說的心靈黑夜，心靈被洗滌，生命更像我的主耶穌。

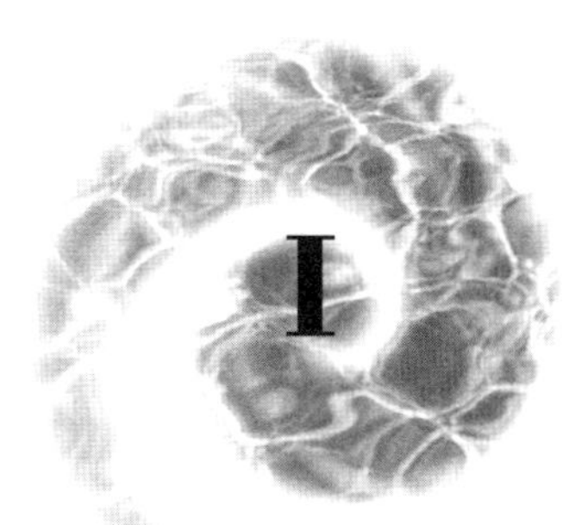

I 解決人際衝突的基礎

1. 認識你的衝突模式

我是誰？

我不是我怎樣看自己，

我也不是別人怎樣看我。

我是我怎樣看別人怎樣看我。

阿倫·布萊堡、哈里·勒布林

（Aaron Bleiberg ， Harry Leubling）

從四歲至二十四歲，我住在七層高的舊式徙置區樓房。每層有六十戶人家，每戶都擠在一百至二百平方呎的空間裏。徙置區人情味很濃，但磨擦吵架的聲音也很多、很尖銳。每星期都聽見父母關起門，用籐條打子女，虎虎生風的籐條聲夾雜著孩子的哭號聲。父母在走廊追罵少年子女的指責聲。甚至是因孩子不和、因一桶水，鄰居都可以彼此爭吵，甚至打鬥。在我成長的六七十年代，英國工黨執政，黑白電視每晚傳來的工會大罷工，弄至英國經濟癱瘓的場面。八十年代，南韓大學生頭纏白布，將燒著的玻璃汽油彈扔向警察腿部的片段，看得人驚心動魄。加上連串的香港的士大罷駛風潮，我強烈地相信人際間的衝突是不好的、恐怖的、兩敗俱傷的。

對過去卅六年的恐懼和印象，在這最近的三年，我才有了一個相當不同的看法。

為何衝突一般給人的感覺是負面和消極的？因為在五個衝突模式中，有三個是最普遍、不好和惡劣的。如果我們在人際關係的層面中，作較深入的透視，我們可能會發覺，衝突是不容易解決的事實。若以關係和目標的座標來看，我們遇見衝突發生時，都有個人明顯的衝突性格和形態，這五種衝突性格和形態是：鬥爭型、屈就型、逃避型、妥協型和伙伴型。1

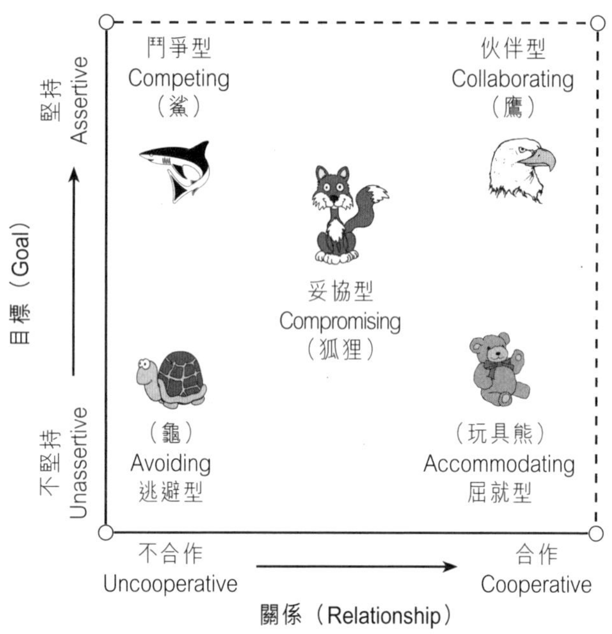

圖一

(1) **鬥爭型**——這類型以攻擊性的鯊魚為其表徵。鬥爭型的人只求目的，不擇手段。這類型的人最重視個人目標，並不看重與別人的關係。傳統的談判者（bargaining approach）就是一例。傳統西方的談判方式，其本質是競爭性的，其中心點是自己的絕對優勢和利益。談判成功的衡量是能否獲取自己最大程度的利益。而別人的利益和感受是用來達到自己利益的方法。因此，西方傳統的談判方式就是一個鬥爭的、消極的、甚至是削減對手力量和吞吃對手的過程。因此衝突常給人很負面和消極的印象。

對於鬥爭型者而言，個人的成功和利益就是一切。退讓不是謙恭和偉大，反而是無能、軟弱和令自己陷於羞辱的表現。鬥爭型的人在衝突中是攻擊性的，常會採用先發制人、先聲奪人的方法，並且缺乏彈性來處理問題。這類型者的「聰明」之處，是往往高舉機構大我的目標，來隱藏他個人小我的利益。在只有達到其個人目標的前提下，關係才會被考慮。舊約中的掃羅王和耶洗別、新約中的大小希律，都善於玩弄以個人利益和權力為中心、吞吃對手的鬥爭遊戲。

(2) **屈就型**——這類型以可愛的玩具熊為其表徵。屈就型的人剛好和鬥爭型相反。他極為看重彼此的關係，甚至於不堅持自己的目標和立場。作為一位領袖或牧者，就是在有需要的情況之下，他也極少對質和責備下屬或羊羣。[2]屈就型者相信人際關係是脆弱的，對彼此坦誠懇談，共同努力來解決問題的方式，他的信心是微小的。

另一方面，屈就型者內心極渴望被關愛和被接納，以致出現強烈對立的態度和意見時，他很快會放棄自己所堅持的，為顧全和諧的局面而「壯烈犧牲」。其實他和別人的關係很容易變為單方面主宰式（one-sided domination），而可憐地被壓服和控制。這種單以關係為首的性格，對健康的人際關係的建立，全無好處。[3]

在我接觸到的不少華人教會牧者中，他們各有不同類型的衝突模式，但最普遍的是屈就型的衝突模式。因為他們多是慈父慈母型。這種屈就型牧者常竭力維持教會有家的氣氛及和諧的羣體關係，卻不敢當面矯正有問題的信徒和領袖的錯誤及責備他們，致令教會積習日深，形成一種惡劣的傾向，並使教會遭受虧損。這是令人深深可惜的。這種羣體有衝突產生時，多數已藥石無靈。

我從前的衝突主型是屈就型，我竭力平衡教會信徒間及領袖間的不同意見，事奉心力交瘁。後來教會發生兩次衝突和分裂，我毫無挽狂瀾之力，無助地讓事情一直滾鬧下去。九三至九五年是我心靈裏最孤單的日子。我進入心靈的黑夜（dark night of the soul）。我的事奉、教會、生命和價值觀被拆毀、轟散。神卻成為我的密友。九五年二月，我在加州富勒神學院進修麥朗尼博士（Dr H. Newton Malony）的衝突行政管理一課時，我重新再測試自己的衝突性格。很愕然地，我發覺在這段艱難日子的考驗和清洗以後，我的衝突性格已從屈就型變為伙伴型。[4]黑暗和困難的歲月竟使我脫胎換骨，敢於學習面對自己和別人。

(3) **逃避型**——這類型以退縮的龜為其表徵。逃避型者表面上雖不太計較，甚至顯得容易與別人相處。但其內心乃另外一個世界。他並不堅持自己的目標和意見，亦可放棄彼此關係。絕望是這類人衝突中的心境。為求不再糾纏於無盡的挫折和內心掙扎，他情願犧牲個人目標，甚至是彼此的關係，來換取旁觀者的平靜。

逃避型者雖然礙於形勢而作表面順從，內心卻缺少認同和委身。外表徒然應和，內心卻滿有壓抑、消沈及憤怒。其實逃避是一個假的解脱。逃避不同等待。在衝突實況中，有時自己不選擇在對方憤怒或情緒激動中硬碰，便會等待對方冷靜下來，才和對方懇談。但逃避是一味的躲避問題。這種逃避習慣，不但對解決衝突全無幫助，反而拖延及壓抑問題，使以後的衝突更複雜和更強烈。這也使自己和別人失去成長和突破自己的大好機會。

舊約中先知約拿就是一個逃避型的人。他內心充滿絕望，不遵行向尼尼微城傳好信息的使命。神用大魚（危機）來對付他。他後來表面順從，心底卻充滿埋怨。

(4) **妥協型**——這類型以圓滑的狐狸為其表徵。妥協型的人是衝突場境中的潤滑劑。他們對於衝突中的討論和復和非常重要。但骨子裏，妥協型的人是實用主義者和機會主義者。他們相信結果決定方法（the end justify the means）。他們對目標和關係，只是一半的堅持和重視。「贏取一點，放棄一點」

是這類人的哲學。

妥協型者另一個很大的好處是他們願意與對手一起努力，共同達致成果。但亦會帶來價值的混亂和別人的懷疑 。後果可能是只達到一半目標，得回一半友誼。

主耶穌曾講過一個比喻：若你是一個王，出去和別的王打仗，豈不先坐下酌量，能用一萬兵，去敵那領二萬兵來攻打你的嗎？若果不能，就趁敵人還遠的時候，派使者去求和息的條款（路十四 31 ～ 33）。這是一個智慧的妥協者。使徒行傳第五章記載亞拿尼亞和撒非拉把田產賣了，私自留下幾分來欺哄神，後果嚴重。他們就是「自己與別人都贏取一點」的實用主義者。

(5) **伙伴型**——這類型以高瞻遠矚的鷹為其表徵。伙伴型的人既堅持自己立場，也重視彼此關係。這是一種雙贏的策略和態度。雙贏者的信念是如果要維持良好關係，就要努力顧全彼此目標。他不害怕與別人有分歧，他認為分歧是不了解所致，而彼此的需要和感受是應當被處理和尊重的。

雙贏信念者相信與別人成為共同努力、一起互相學習、探索的伙伴，對彼此的目標和關係，會得到最大的效果。伙伴型者處理衝突時，會致力找出彼此的共通點和內心的關懷（underlying concern），而致力傾談出一個能滿足雙方內心關懷的實際步驟。5

很明顯，伙伴型的人是不會主動去發動混亂和製造衝突，卻同時不懼怕衝突來臨。他珍惜自己的目標，同時重視與別人關係。在聖經裏，主耶穌及保羅都是接近伙伴型的人。主耶穌與門徒關係密切，叫門徒稱祂為朋友。遇到彼得攔阻祂上十字架，主卻痛斥其非。保羅在哥林多書信中將自己剖析得淋漓盡致，他其實深深地愛著他們，但在書信中，卻對他們毫不掩飾地指正和責備。

綜論

我要在這裏痛心地指出一個事實：在五個衝突形態中，其中三個惡劣的衝突形態（屈就型、鬥爭型和逃避型），華人社會和教會佔了兩個（屈就型和逃避型）。在華人文化中，我們宣揚「各家自掃門前雪」、「逆來順受」、「船到橋頭自然直」等得過且過的逃避心理；我們高舉家的觀念，一切以和為貴、關係為中心的看法。因而將許多人和事的問題拖延掩蓋著。但我們卻有許多氣埋在心裏：屈氣、冤氣、怒氣、忍氣和洩氣，致令自己喜歡背後批評別人。就是沒有勇氣像伙伴型的人一般，敢於和人面對面討論問題——用愛心去説誠實話，用恩典像鹽般調和，去面對人、對質人、接納人和擁抱人。

為何衝突難以化解？因為我們可能從不知道自己的衝突類型，更不知道我們同工的衝突類型。於是地雷和危機就在我們毫無心理預備下爆發了、燃燒了。

基本上，這五種衝突形態有不同的組合，於是便會有不同的幸福與痛苦。逃避型面對鬥爭型的人，會聞風先遁。他絕不會出席與鬥爭型者私下和公開的對質或面談。就算逼不得已答應面談，也多數會臨時爽約。屈就型面對鬥爭型是一個悲劇，屈就型會事事受壓制，有苦自己知，形成一面倒的被壟斷局面（one sided domination）。如果兩個鬥爭型者成為對手，將會戰情慘烈，適者生存。

較為調和的配搭，包括伙伴型配搭鬥爭型。在衝突實況下，伙伴型不會退縮，反而會挑戰以我為先的鬥爭型，讓他看見關係培養的重要。另外，妥協型配屈就型，屈就型配逃避型都較能互相調和，因為他們對彼此有較多的體恤和遷就。最理想的是伙伴型配妥協型，他們在目標和關係上都有如魚得水的配合。這不是說他們不會衝突，但他們締造有建設性、雙贏結局的機會較多。次理想是伙伴型配合屈就型。這樣的配搭會將屈就型提升。屈就型會將自己對人的關心發揮得淋漓盡致，並且他脆弱的自我會被充分欣賞和肯定。

更為重要的是，每個人都有主型和副型的衝突類型。這可能是互相補足的良好類型，如主為伙伴，副為妥協或屈就；也可能是互相衝突的雙重性格，如主為鬥爭，副為逃避，或主為屈就，副為逃避。因著不同的處境和不同的對手，自己和對方的主副型都會變動。例如在一般情況下，對方的逃避主型和你的屈就主型會相當合拍，彼此相敬如賓。但當有危機或變動產生，一種在逃避主型性格中，高度焦慮的壓力使他感到很不安全，這時，他的鬥爭副型會取代逃避主型成為鬥爭主型。而你自己的逃避副型很可能會取代自己的屈就主型，成為了逃避主型（為了怕受鬥爭型的傷害）。這說明了在實際衝突場景中，情況千變萬化，難以完全捕足及控制整個局面。所以面對衝突時，真是求主憐憫的過程。

怎樣改善最惡劣的三種衝突形態

(1) **文化的覺醒**——文化覺醒就是以宏觀角度來了解自己、認識別人。在文化學上，我們稱西方文化為低背景文化（Low-Context Cultures），東方文化為高背景文化（High-Context Cultures）。低背景文化以個人主義為定位。遇到問題及衝突，他們喜歡以直接、具體、坦白的方式來顯露自己的情況，並且敢於要求別人和對質別人。在他們與別人的對質中，他們會直接指責，例如：「你拖延的行為令這件事不能按時完成。」、「你這個態度對我的影響是：」、「當你這樣做時，實在令我難堪。」所以西方低背景文化較多人傾向鬥爭型。

另一方面，高背景文化是以羣體主義為定位。高背景的東方人遇到問題及衝突，喜歡以間接、隱晦、小心、絕不對質，甚至轉彎抹角的方式來表達自己、討論事情。所以東方高背景文化較多人傾向屈就型和逃避型。

我們要留意兩種文化價值觀的巨大差異。東方高背景人較追求和諧、團結、互相依賴、榮譽、面子、階級。西方低背景人較推崇個人、自治、獨立、自我依賴、自尊、人人平等。[6]

我們要做的不是一味責怪自己的缺點，乃是用一種宏觀的角度，老老實實並積極地欣賞別人的強項，謙虛地改善自己的弱點。這樣才能走出文化給我們的捆鎖，享受文化給我們的成果。

(2) **藉問卷來自我認識**——湯馬士和喬文共同研究的《發現自己》衝突問卷，對我們認識自己的衝突模式，會有一定的幫助。要留意的是，如果你每兩年做一次，你的主型都有可能轉變，這可能反映出你當時的同工關係和心境。請在以下三十條題目，只圈 A 或 B，以最接近你的實在情況來作選擇：**7**

(1) A、我有時容讓別人承擔責任來解決問題。

B、我情願在我與別人的共同點上努力，不在我與別人的分歧上談判。

(2) A、我嘗試找出一個妥協的方案。

B、我嘗試處理我和別人所關懷的一切事情。

(3) A、我經常堅定地持守我的目標。

B、我有時會嘗試安撫別人的感受和維持雙方的關係。

(4) A、我嘗試找出一個妥協的方案。

B、我有時為了別人的期望，而犧牲了自己的期望。

(5) A、在解決問題時，我經常請教別人。

B、我會做一些事情來避免遭受壓力。

(6) A、我會避免不愉快的感覺臨到自己身上。

B、我會盡力贏取我所堅持的。

(7) A、我會延緩處理問題，以致我有時間細心思想它。

B、我放棄一些觀點，以換取別人對我的贊同。

(8) A、我經常堅定地持守我的目標。

B、我努力將所有問題在公開場合中歸納起來。

(9) A、我認為不必因為彼此有分歧而擔憂。

B、我盡量嘗試讓別人跟從自己的方法。

(10) A、我堅定地追求我的目標。

B、我嘗試提出一個協調方案。

(11) A、我努力地將所有問題在公開場合中歸納起來。

B、我有時會嘗試安撫別人的感受和維持雙方關係。

(12) A、我有時會避免一些立場和看法（如果這立場帶來爭論）。

B、我會讓對方得著他想得到的，若他也讓我得著我想得到的。

(13) A、我提出中立的立場。

B、我努力讓我的看法得著肯定。

(14) A、我將我的意見向對方說明，同時也詢問他的意見。

B、我嘗試向對方說明我的立場及這立場帶來的利益。

(15) A、我有時會嘗試安撫別人的感受和維持雙方關係。

B、我嘗試做一些事情去避免壓力。

(16) A、我嘗試不去傷害別人的感受。

B、我嘗試說服別人，關於接受我觀點的好處。

(17) A、我常常堅定地追求我的目標。

B、我會做一些事情來避免遭受壓力。

(18) A、如果能令別人快樂，我會讓他維持那個觀點。

B、我會讓對方得著他想得到的，若他也讓我得著我想得到的。

(19) A、我努力地將所有問題在公開場合中歸納起來。

B、我會延緩處理問題，以致我有時間細心去思想它。

(20) A、我努力地去解決我和對方的分歧。

B、我嘗試在我和對方之間，找到一個對彼此公平的方案。

(21) A、在談判時，我會體諒對方的期望。

B、我常身體前傾，和對方直接討論問題。

(22) A、我嘗試找出我和對方的中間立場。

B、我堅持我的期望。

(23) A、我經常關心我們彼此的期望有否得到滿足。

B、我有時容讓別人承擔責任來解決問題。

(24) A、若某一立場對我的對手相當重要，我會嘗試滿足對方這個期望。

B、我嘗試提出一個妥協的方案。

(25) A、我嘗試向對方說明我的立場及這立場帶來的利益。

B、在談判時，我會體諒對方的期望。

(26) A、我提出一個中立的立場。

B、我經常關心能否滿足我們一切的期望。

(27) A、我有時會避免一些立場和看法（如果這立場帶來爭論）。

B、如果能令別人快樂，我會讓他維持那個觀點。

(28) A、我經常堅持我的目標。

B、在解決問題時，我經常請教別人。

(29) A、我提出一個中立的觀點。

B、我認為不必因為彼此有分歧而擔憂。

(30) A、我嘗試不去傷害別人的感受。

B、我經常與別人討論問題，以致我和別人能一起解決困難。

	鬥爭型	伙伴型	妥協型	逃避型	屈就型
1.				A	B
2.		B	A		
3.	A				B
4.			A		B
5.		A		B	
6.	B			A	
7.			B	A	
8.	A	B			
9.	B			A	
10.	A		B		
11.		A			B
12.			B	A	
13.	B		A		

	鬥爭型	伙伴型	妥協型	逃避型	屈就型
14.	B	A			
15.				B	A
16.	B				A
17.	A			B	
18.			B		A
19.		A		B	
20.		A	B		
21.		B			A
22.	B		A		
23.		A		B	
24.			B		A
25.	A				B
26.		B	A		
27.				A	B
28.	A	B			
29.			A	B	
30.		B			A

每類型直行我得的總分是：

____	____	____	____	____
鬥爭型	伙伴型	妥協型	逃避型	屈就型

圖二

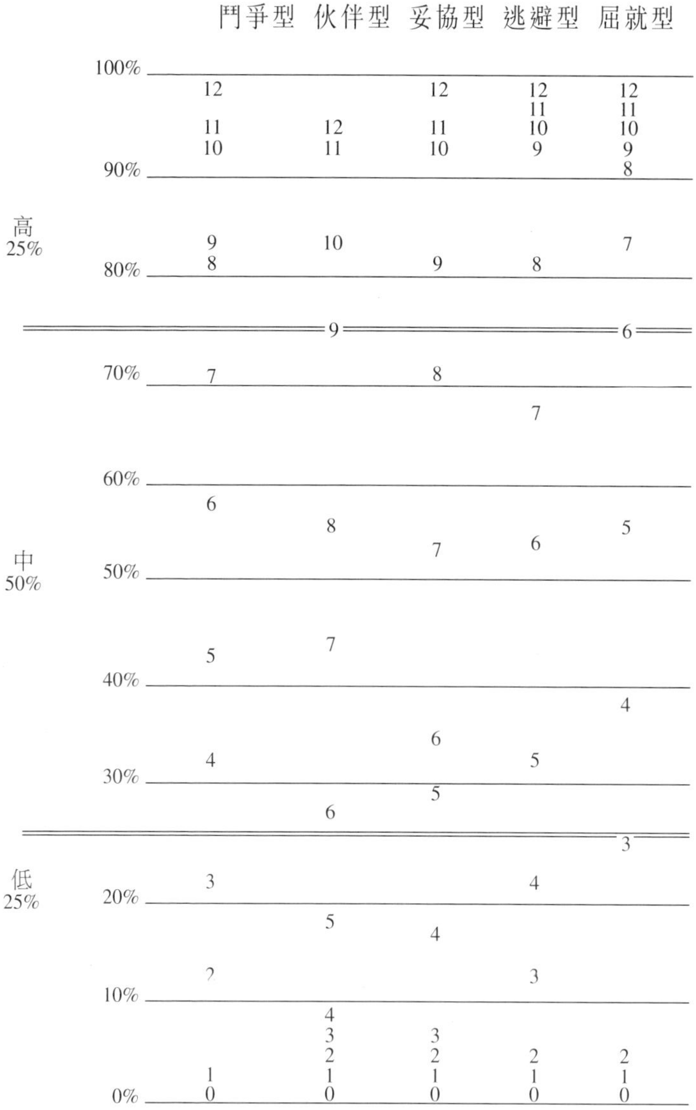

		鬥爭型	伙伴型	妥協型	逃避型	屈就型
	100%					
		12, 11, 10	12, 11	12, 11, 10	12, 11, 10, 9	12, 11, 10, 9, 8
	90%					
高 25%		9, 8	10	9	8	7
	80%					
	═══		9			6
		7		8		
	70%					
					7	
	60%					
中 50%		6	8	7	6	5
	50%					
		5	7			
	40%					
		4		6	5	4
	30%					
			6	5		
	═══					3
低 25%		3			4	
	20%					
		2	5	4	3	
	10%					
		1, 0	4, 3, 2, 1, 0	3, 2, 1, 0	2, 1, 0	2, 1, 0
	0%					

圖三

模式

在圖二的湯馬士和喬文五個衝突類型計算中，五個衝突類型0是最少，12是最高。

在圖三的湯馬士和喬文衝突類型圖表中，你會見到25%、50%及80%等。例如你所得鬥爭類型是8，你已到達80%線上。即你在湯馬士和喬文廣泛平均統計的衝突數據中，你是最高的20%，比其他80%還高。例如在妥協型中，你達到7，即你是這項調查的平均中位數（約是50%）。假若你所得的分數是極高或是極低，並非無藥可救，僅表示你比大多數人高或低而已。

(3) **與同工及肢體分享**——我提議傳道同工、機構主管在執事訓練、小組組長訓練中，用九十分鐘時間來分享這題目：包括自我發現衝突類型、他以往的衝突經驗是怎樣的、他最怕哪種衝突類型的人，為甚麼？他最喜歡與哪一類型的人配搭，為甚麼？我們這班領袖、同工的衝突類型是否相配合？有否一面倒的傾向？這對我們的教會和羣體造成怎麼樣的影響？由此類推各人的衝突主副型是否相配、相矛盾等。我相信以上九十分鐘（甚至可再花多點時間跟進）的討論，對教會或一個羣體同心合意的建立、面對分歧的接納，以至事奉更美好的配搭，都非常重要。

怎樣增強兩種理想的衝突形態

兩種較為理想的衝突形態是伙伴型和妥協型。要培養這兩種形態非常不容易。它需要我們不斷的虛心嘗試、磨煉和堅毅才能達成。以下兩種態度是培養它們的重要方法：

(1) **正確地面對分歧**——對許多領袖和教牧來說，教會裏有分歧（diversity），是一件可怖的事。分歧似乎是不合一的代號。分歧始終有抵抗、不順服、遠離目標的意味。有人甚至認定分歧是分裂、分離、孤立的證據。在真正衝突的實況中，我們也曾經有過以上的感受。我們害怕對質，害怕失控，害怕失去面子、失去權力和影響力，害怕教會分裂。在中國文化中，同一性（conformity）比分歧性（differentiation）有更高的價值。孔孟學說主宰了傳統中國文化，而孔孟思想其中一個最重要的特色，是強調羣體的同一性及融和性。[8]

雖然分歧對中國人來說有負面意味，但它對建立健全的羣體，非常重要。分歧使我們從停滯和頑固中走出來，面對更大的生機、更多的可能。我們不應害怕分歧，看它為對自己的威脅，我們應為有分歧而慶祝。在我們羣體中，我們著實有許多不同：包括不同的看法、不同的需要、不同的價值觀、不同的決策權力、不同的渴望和不同的目標等。這些不同確有可能引致衝突。但重要的是，我們要選擇一個建立性的衝突或是拆毀性的衝突，關鍵是我們怎樣處理彼此間的不同和不協調。

不但如此，分歧可以更好的建立我們的羣體，如果我們能夠看分歧是：

(a) 一個更好的澄清彼此看法的機會。

(b) 一個表白彼此之間內心關懷（underlying concern）的機會，

並藉此欣賞和了解對方所關懷的好意（good will）。

(c) 承認自己對事物的觀點不完全，需要肢體幫助，才能做得更好。

(d) 因為我們都不完全，所以我們更需要對方（關係確立），才能更好地完成工作（目標確立）。9

使徒行傳十五章出現了守猶太律法的猶太人基督徒和外邦人基督徒的分歧。耶路撒冷會議沒有將這個分歧變為教會中的分裂，反而確立了這個分歧：全教會祈禱差派保羅和巴拿巴往外邦人中去傳福音（徒十五25）。這説明了如果我們謙卑地運用聖靈給我們的智慧，羣體中的分歧可以成為巨大的祝福。

(2) **正確地運用堅持**——一位友善可人的牧者向我氣餒地訴説，他的助理同工怎樣對他諸多不滿：教會太傳統、崇拜形式太死板、行政太不清晰、他處理宗派事務太多，他甚至缺乏聖靈的能力。我十分諒解這位牧者的處境，我問他怎樣和他的助理牧者相處。他説：「我強調教會一家，應該彼此體恤⋯⋯我實在有點怕和他相處，我有時藉著一些理由避開他，真不想與他開戰。」這位牧者明顯地缺乏了伙伴型最重要的溝通態度和技巧——運用堅持（assertiveness）。

堅持性溝通（assertive communication）不同攻擊性溝通（aggressive communication）。前者是積極的，後者是消極的。攻擊性溝通不但包含堅持自己（self-assertion），更重要的是，它包含了一種爭鬥性和主宰性的傾向，並且對別人的態度是懷疑、不信任和恐懼。

堅持性溝通是絕不含糊、不曖昧的表示你的態度和看法。當事人絕不是唯唯諾諾，讓人左猜右想他真正的態度和意向。他可能清楚地說「我贊成」，也可能明確地表示反對。堅持性溝通是清晰明確地表達你的思想、感受和意向的技巧。思想包括你的意見、立場、信念。感受包括你的情緒如憤怒、愛、開心、憂愁、受傷害和關懷等。意向包括你的利益、請求、提議和期望。要留意的是，當你表達以上種種意向、思想、感受時，都好像表達愛和開心一樣：你自己和別人都要清楚知道。

堅持性溝通最重要的意義是，看重自己表達的權利和重視自己的感受，同時也看重別人表達的權利和重視別人的感受。10 這就是一種既堅持自己（assertive）也肯定別人（affirmative）的態度。這種態度和技巧對解決問題、平息衝突，至為重要。

堅持性溝通有三個目標：包括清晰的溝通、有對方參與的決定和強調彼此關係。清晰的溝通是弄清楚大家所說的、所聽的是否同一個意思。這對釐清傳言和誤會有重要幫助。有對方參與的決定包括在作抉擇時，已經將對方心底所關心的謹慎地加以考慮。強調彼此關係清楚易明，就是重視對方、重視彼此親密的關係。達到以上三點目標，彼此的信任會增加，互相關心的伙伴關係便得以建立。

主耶穌是有堅持性溝通、伙伴型衝突性格的人。祂強調在工作之後，要暗暗到曠野休息和祈禱的時間（可六 30 ～ 32）。

在馬可福音十章 13 ~ 15 節記載著，有人帶著小孩子來，要想得主耶穌的祝福。門徒責備那些人，耶穌惱怒門徒，說：「讓小孩子到我這裏來，不要禁止他們！」這是一種有愛心、清晰而直接的堅持性溝通技巧。路加福音十八章 18 ~ 23 節記載了一位官求問耶穌永生之道，主耶穌答：「你還缺少一件，要變賣你所有，分給窮人，你必有財寶在天上，你還要來跟隨我。」這是何等清楚、肯定和直接的說話！當大祭司在公會，長篇大論的審查耶穌，問耶穌是否彌賽亞，主耶穌答「我是」(可十四 62) 。何等清晰明確，充分表達出堅持性溝通的有力含義。

註

1 Jay Hall, *Conflict Management Survey* (Texas: Teleometrics International, 1986), pp.14 ~ 17.

2 Thomas C. Odea, *Pastoral Theology* (San Francisco: Harper Collins Publishers, 1983), p.207. 奧頓認為責備與指正是牧者對會友的基本責任，但應以柔和及愛為原則。

3 Kenneth W. Thomas and Ralph H. Kilman, *Thomas Kilman Conflict Mode Instrument* (New York: XICOM, 1994), p.10.

4 參考 Jay Hall, *Conflict Management Survey* 及 Speed B. Leas, *Discovering Your Conflict Management Style* (New York: The Alban Institute, 1993), pp.2~8.

5 Thomas and Kilman, *Thomas-Kilman Conflict Mode Instrument.*

6 David W. Augsberger. *Conflict Mediation Across Culture* (Westminister: John Knox Press, 1992), p.28.

7 Thomas and Kilman, *Thomas-Kilman Conflict Mode Instrument,* pp.1~8.

8 錢穆，《中國文化及中國人性的特質：一個歷史探索》(香港：香港中文大學，1991)，頁 61。

9 Dudley Weeks, *The Eight Essential Steps to Conflict Resolution* (Los Angeles: Jeremy P. Torcher, 1992), p.36.

10 Randolph Sanders and Newton Malony H., *Speak Up! Christian Assertiveness* (Philadelphia: Westminister Press, 1985), p.16.

2. 自覺(Self-Awareness)

進入神的豐盛之境，只有來自你對自己和其他一切事物的堅決態度：就是誠實、放手和向神降服。

亞略巴古的狄尼修

(Dionysius the Areopagite)

一九九四年七月，我開始了在美國進修教牧學博士的安息年假期。因為家庭需要，我要找一部汽車。一位與我認識數年、相交不深的席弟兄（按：虛構姓氏）主動聯絡我購買他的車子。我問了他一個購二手車者必問的問題：「這部車曾否撞過？」他答無事，沒有問題。因為我當時在遠處上課，我請了我的好朋友為我試車。後來席弟兄在電話中與我商討價錢時，他提出我們可以定出一個遠低於實際車價的價錢，這個表面價錢是給政府打稅用的（該州的銷售稅是8.25%）。這樣，我就可以省回一筆錢了。我拒絕了他。（我們這宗交易是四千九百元美金，若報給政府的價錢是二千元美金，我可省回一千八百六十四元港幣。）後來在辦理正式購車手續時，席弟兄竟當著他太太前問我：「要寫幾多？」我答：「我用四千九百元購買的，就四千九百元！」

買車後的廿天，我請我的學車師傅看看我的車子和性能，陳師傅低頭察看汽車擋風玻璃，嚴肅地說：「這部車曾撞過，你看玻璃上的噴油餘漬！」我低頭一看，真的有紅色的噴漆漬，細心察看下，車頭和左面的噴漆與汽車其他部分的噴漆並不和諧。恰巧當時我要往一間教會講夏令會，這教會的牧師夫婦證實了這車子曾撞過的說法，因為他們曾與席弟兄一起居住過。

九四年九月初，我在美國寫信給香港的席弟兄，說這車其實曾受不輕的碰撞，並說明有二個見證人等。約廿天後，我收到席弟兄的回信：他沒有否認這車子曾經碰撞的事實，但他表示很詫異我為何要這麼凝重：究竟這車子現在的性能有否問題呢？如果這車子現在性能良好，我又有何損失呢？我們將來在香港還有機會碰面！席弟兄表示我的信包含對他品格的懷疑，是傷害了他。後來我和好友晚飯時，他說當他試了這車子一段時間後，下車的第一句說話，就問席弟兄：「這車曾否經過碰撞？」他答：「沒有。」

我心情沈重了一段時間。席弟兄剛在美國取得一個崇高的學位，回港投身教育事業。學問幫不了他。人生的成長、熱切的事奉和屬靈的經歷也幫不了他。「其心不正、焉能正人。」

其實，我也有不少缺點。十三年前和妻子新婚初期，某晚我和妻子吵架後，我急於立時解決問題，而妻子卻背向我睡。我愈見她睡得香甜，心中愈憤怒。我錯誤地認為妻子不理會我，甚至不再愛我。在灰心和沮喪的驅使下，我出外散步，在深夜橙黃色的街燈下徘徊、沮喪和發呆。

我驚奇地發現，在一個親切可人、穩重事奉的傳道人的角色面孔背後，我也有另一方面真實的情況：灰心的、狂野的、容易傷感的另一面。

以下是我靈修日記的其中一段：

> 昨晚 1:45am 起牀，為兒子君軒戒夜尿而教他去廁所，他卻尿了。我心中疲乏、灰心，甚至暴躁，說：「我放棄夜深起牀了，以後給你換回尿片！」上牀一想，當自己疲乏困倦，努力要成為白費時，心中會躁急、灰心和自棄。
>
> 再回想，下午在 Maui 駕車，被後車緊緊跟貼，我心中有點憤怒。當他越車爬頭時，我也加油。這是很危險的事。若我因不滿別人的駕車態度，不容讓別人爬頭而釀致別人與對頭車相撞，我一生於心何忍？這便是我的衝動。
>
> 我生命中確有許多好處，這都是神的幫助和恩典。但衝動、灰心、煩躁和放棄，卻是我性格的一部分。這是我的黑暗面，我的罪性，是我對自己的再發現。
>
> 一九九五年七月十六日，夏威夷

「心窗」[1]的結構，讓我們對自我醒覺有更多了解：

←彼此回應→

自我反省

	別人知道	別人不知道
自己知道	① 開放	② 掩飾
自己不知道	③ 盲目	④ 隱藏

圖四

圖四的①是開放（自知，他知）。例如姓名、性別、外貌、體形、一般性格、學歷等，這是一片對己對人開放的心窗。而②是掩飾（自知，他不知）。例如家庭背景、成長經歷、個人創傷等。③是盲目（自不知，他知）的心窗。例如自己遲到的不良習慣、對人苛刻、有點自負，甚至缺乏笑容等。④是隱藏（自不知，他不知）的心窗。例如父母關係對自己婚姻關係的影響；父母重男輕女對自己成長的影響；潛意識對某些人的敵意；未得醫治的創傷等。

「心窗」的任務是讓我們看見自己。怎樣看見自己呢？是培養自己自我反省的習慣和能力，並且多嘗試以別人的感受和眼光來看事情。當別人對我們自己和我們的行為，表達意見和感受時，我們以謙卑反省的態度面對別人的回應，我們會對自己有更深的了解、更廣闊的視野。

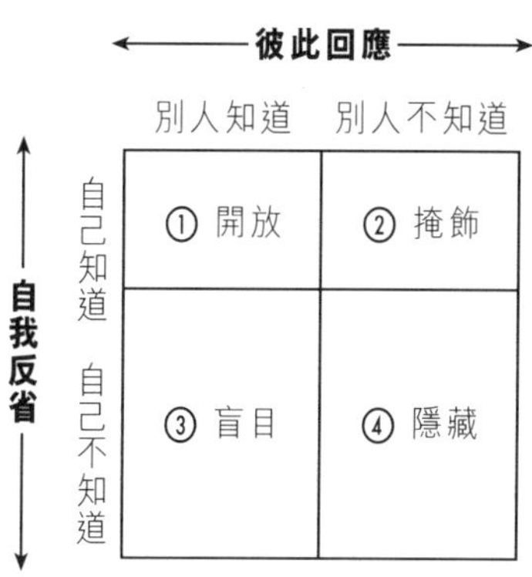

圖五

圖五的人，遇到人際衝突，較難解決難關。因為他不傾向反省自己，他的自知能力不強，亦少以別人的感受和意見為重要參考。因為他有許多盲目和隱藏，所以別人甚至他自己都甚少了解他自己的內心世界。遇到問題，因不可知或不願知的範圍太大，他很可能因為恐懼感，選擇反擊或逃避。這是一種自信心不充足的表現。

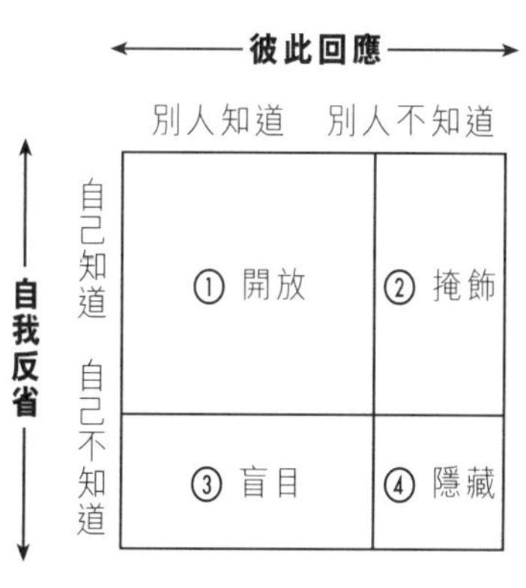

圖六

圖六的人，因為自我盲點和隱藏不多，他是一個自知能力較強和具有較強自信心的人。遇到人際衝突時，因為他認識自己的弱點和黑暗面，他較能悔過和更深入的面對自己。對於別人的強烈感受和意見，他會認真地考慮。雖然他不會一味的讓步，但他會合理的調校自己。圖六的人際衝突模式多數傾向於伙伴型和妥協型。

值得一提的是，神許多時都藉著個人讀經與聽道，讓安靜心境中的聖靈微聲來向人説話，向人揭露他自己的問題和盲點。以利亞在何烈山洞中的經歷就是鮮明的例子（王上十九 9 ~ 14）。可見神的工作在自我醒覺中非常重要。

我們雖然可以藉自我醒覺增加對自己的了解，增強自信，化解衝突，但自我醒覺也有其不容易的一面。心理學家容格（Carl Jung）所論述的陰影（shadow），便很值得我們深入了解。按照容格所述，自我（ego）是我們的目的感和認同感，是意識的中心；而陰影是我們自己（自我）的黑暗面。這是自我隱藏起來，不願讓他人知道的卑劣、不文明或動物性本質。這陰暗面常與道德控制相抗衡[2]。按容格自己的説話，陰影是個人「不想它存在的東西」。陰影，並不等於罪，卻包括了罪。陰影是令人不開心的事物、他自己不如別人的感受、自我不被重視（無價值感）的失落，及他隱藏起來的罪。陰影是隱藏的、內心的、未被處理面對的、羞恥的甚至令自己震驚的一面[3]。

如果我們置陰影於不顧，是不是一個好方法呢？容格認為若我們愈不意識、不承認陰影存在，其陰暗程度會更深更濃。當我們壓抑它，孤立（不處理）它，它不但不會改變，並會在我們毫無心理準備時爆發出來：報復、控訴、淫邪、自毀……他認為陰影是我們無意識海洋下的暗礁和尖石[4]。有時人們為了保持一個完美的自我形象，他們會壓抑或否定自己的問題。這些問題會積聚於我們無意識的陰影中，以致阻礙了我們性格的健全和成長。

典型的例子是我們為人父母者，往往有許多要求和規則給我們的兒女。容格認為，這些強烈和完美的期望，使小孩子的人格面具[5]和陰影產生兩極化的發展：一方面他要求自己完美；另一方面他強烈壓制和否定自己的不完美。這種慣性的對自我陰影的否定和強制，會帶來他的無意識的強烈反應（unconscious reaction）。這個孩子甚至日後長大時，會很情緒化、心中有許多恐懼和強制性的思想（一種不斷重複的思想和行為：例如很倔強的性格，過度潔癖等）[6]。這種性格的兩極化現象，乃由不善處理自己的陰影（陰暗面）所產生。更有甚者，是他會一方面竭力保持自己無可指責、無懈可擊的公開形象；另一方面心理上卻極不安全、很敏感別人對自己的態度，乃至孕育許多假想敵人，弄至心靈耗盡，身體百病叢生。

為何我們不容易面對自己的陰影？容格認為有一個主要原因，就是隱藏和躲避自己陰影的人，許多時都會有心理投射的傾向。心理投射（projection）是一種減低自我壓力和內心衝突的防衛機制。他/她一方面會否認自己的一些性情、問題和情緒；另一方面，他/她會有一種傾向，將自己一切問題和困難都歸咎別人。更甚者，他/她有時會認為自己是被逼害的對象，是被孤立並且絕對孤單、完全沒有天理公義底下的受苦人[7]。

如何處理和面對內心的陰影？覺醒就是一個很重要的操練。

關於覺醒（awareness），它主要包含三個層面[8]：

(1) 對這個世界的表面關係和內在關係的醒覺。

(2) 對所醒覺事物進行反省。這個層面包括一些抽象境界：哲學體系、政治烏托邦的設想、美學的新設計等。

(3) 覺醒你自己。這就是自我覺醒。對於發生在你身上的事件進行整體性的鳥瞰和內在反省。有一種傳記式（auto-biographical）的特點。就是對你個人歷史和身分的認識。

冼巴度曾在他的書中，描述一個腦部受傷，沒有了自我覺醒的人，很發人深省[9]：

> N. N. 是一個清醒的人。他能記得這世界的許多事情，他能用抽象、有彈性的方式處理事情，他有一般的知識，良好的語言技巧。雖然他認識時鐘上的時間，他卻不認識關於他自己的個人時光——他不知道自己的個人歷史。他忘記了昨天做了甚麼事，也不知明天他要做甚麼事

> 情。當被問及他一些活動，他腦中空白一片——他說自己像處身一間空房，等待著一些家具來填滿。他生活在「永遠的現在」，對於他忘記以前、沒有將來的實況，他竟然沒有半點憂慮。

可能有更多時候，我們就是真實的N. N.：壓抑陰影、逃避問題，自己就像一個忙碌、繁華的空殼。

這樣，我們怎樣面對自己的陰影，特別是在無意識中？！根據容格的看法，個人的無意識是有可能成為意識的、被認知的。人常常藉著種種壓抑，將個人的無意識陰影緊緊捆鎖著。如果我們能夠釋放這些壓抑，便人人都可以覺醒自己了。怎樣釋放這些壓抑呢？方法是承認它的真實和存在[10]。史多亞的方法是自我批判。他認為直接而認真的自我批判，是能夠看清楚我們自我陰影的方式[11]。

其實自我陰影的存在不單有負面影響，也有其重要作用。在容格的心理體系中，陰影中的痛苦、失落和羞辱正是我們成長之鑰。陰影是完成人格發展的不可少因素。正如容格所說，釋放壓抑之後，我們個人的獨特性和個人性（individuality）會提昇出來。我們便認識了自己與眾不同的一面[12]。他認為，雖然自我的另一面是陰影，像光的另一面是暗一樣，但正正是這種陰暗面，把我們塑造成為一個具有人性的人[13]。

陰影不但能使我們的信仰從天而來，也扎根於地。它使我們的信仰結合現實掙扎，讓基督徒活出一個包含人性的屬靈觀。在聖經中，偉大的屬靈領袖也面對他們的陰影（live with their shadows）。例如舊約雅各一生自視甚高，直至與天使摔交，驚見自己的脆弱。這個經驗使他對自己有更深更新的認識，他甚至有了一個新的身分，以往稱為雅各（他抓著），以後稱為以色列（神抓著了他）。

以屬靈操練角度看，我們怎樣自我覺醒？怎樣能夠在自我壓制中釋放過來？加爾文認為，認識自己和認識神，是不可分割的，具有真正和實質智慧的兩方面[14]。大德蘭認為，謙卑是認識自己和認識神的第一步[15]。

以盧雲來說，自我覺醒的重要一步是寫靈修筆記。他在《頌主慈恩》中指出，其靈修筆記習慣對他的自我覺醒相當重要。他其中一段筆記記載了他內心的混亂、分心和恐懼。他恐懼神對他的拒絕，恐懼認識自己。他求主承托他疲乏的身體，求主進入他枯竭的心靈[16]。另一段筆記，是一篇極精彩的內心掙扎，盧雲發現自己內心有二種痛苦：第一是他清楚看見屬靈生命的美麗，他自己卻不能達到，也不能帶領別人達到。第二是他看見他教導別人成長的方法，有些在某種情況下行不通。他求憐憫，他呼求主。神來到了，取代了他的方法[17]。盧雲的靈修筆記許多時包括下列三部曲：（1）看見（aware），（2）承認（admit），（3）交託主恩（ascent）。在其筆記中，我們看見富有人性及神性的整合：從混亂到專一、從恐懼到安慰、從掙扎到安息。盧雲這種對自己誠實、放手、倚靠神及降服神的態度，對幫助解決人際衝突，是一個必須而重要的一步。

最後，勝過自我壓制，覺醒自己必不可少的一步是進入愛。許多人生活在自我壓制之下，遠離真我。他們用許多忙碌和說話，將自己真正的需要掩藏。盧雲認為勝過壓制的方法是進入愛——用最簡單、直接的方法將自己真正的需要與感受說出來，不必再掛慮別人的反應。因為愈多愛，我們就愈少懼怕；愈多愛，我們就愈自在和自由，在自我覺醒中享受主的恩典[18]。因為聖經說：「愛裏沒有懼怕。愛既完全，就把懼怕除去。」（約壹四 18）

註

1 原本名稱是Johari Window，文中「心窗」結構部分內容參考王志學，《經歷神》（香港：基道，1993），頁 35。

2 Rothgeb C. L, Ed., *Abstracts of the Collected Works of C. G. Jung* (London: Karnae Books, 1992), p.59.

3 Robert Moore L., *Carl Jung and Christian Spirituality* (New York: Paulist Press, 1988), p.167.

4 Andrew Sammels, Bani Shorter and Fred. Plant, *A Critical Dictionary of Jungian Analysis* (London: Routledge, 1992), p.138.

5 人格面具（persona）是從拉丁文「戲劇面具」一字而來，它是我們面對社會時所帶的面具。它受社會階級、工作、文化和國籍等條件影響。通常我們都有幾種不同的人格面具，以適應不同的情境。容格認為我們會依據自己最優越的心理類型（如思想）來表現自己，因為這對我們是最容易的。可參 Moore, *Carl Jung and Christian Spirituality*, p.175.

6 Moore, *Carl Jung and Christian Spirituality*, p.175. c.f. coll. wks. vol.7, p.3~7.

7 Anthony Storr (Selected and Introduced by), *The Essential Jung* (Princeton: Princeton University Press, 1983), p.92.

8 Philip G. Zimbardo and Richard J. Gerrig, *Psychology and Life* (New York: Harper Collins College Publishers, 1996）, p.103.

9 同上，c.f. Tulving, 1985.

10 Sammels, *A Critical Dictionary of Jungian Analysis,* p.139.

11 Storr, *The Essential Jung,* p.93.

12 C.G. Jung, R.F.C. Hall Trans., *Two Essays on Analytical Psychology.* (London: Routledge, 1990), p.160.

13 Sammels, *A Critical Dictionary of Jungian Analysis,* p.138.

14 McNeill John T, ed., *Institutes of the Christian Religion,* Library of Christian Classics, vol.xx (Philadelphia: Westminister Press, 1960) pp.35,36.

15 Teresa of Avila, *Teresa of Avila, The Interior Castle: Selected Writings.* trans. and ed. by Kieran Kavanaugh (New York: Paulist Press, 1979), p.43.

16 Henri J.M. Nouwen, *A Cry For Mercy* (New York: Image Books, 1981), pp.26~27.

17 同上，頁 49 ～ 50 。

18 Henri J.M. Nouwen, *The Inner Voice of Love* (New York: Doubleday, 1996), pp.74~75.

3. 創傷得治

> 神要在淨光的高處開江河，在谷中開泉源，神要使沙漠變為水池，使乾地變為湧泉……好叫人看見、知道、思想、明白，這是耶和華的手所作的，是以色列的聖者所造的。
>
> 賽四十一 18、20

《倚天屠龍記》其中一條故事發展主線，就是金毛獅王謝遜的心靈創傷。[1]

謝遜，十歲拜成昆為師，師徒情同父子。廿八歲當年，他滿懷高興在家中接待師父，竟然換來妻被淫殺、子被摔死、父母被擊斃、連弟妹家僕無一倖免，盡被成昆所殺。他身被拳傷，極為驚愕迷惘失措，後決心找師父報仇。七年間，他兩次找師父報仇而失敗。後偶得七傷拳譜，武功大進，成昆竟從此失蹤。謝遜為了逼成昆出現，半年內自北而南，做了卅多宗大案，殺了許多成名豪傑，並留下「混元霹靂手」成昆名字。

謝遜生命突受創傷，心中非常激憤苦毒，不再相信任何人，甚至行事不分是非，到處帶來人際衝突。

傷害謝遜的成昆，自己也是一個受創者。成昆從小與其師妹（後來是明教教主陽頂天之妻）有婚姻之約。其師妹被陽頂天私戀，後來其師妹之父母竟然見利忘義，將其師妹下嫁陽頂天。成昆在吃師妹喜酒時立下重誓，自己只要有一口氣在，必殺陽，滅其教。成昆一生存在的目的，就是要發洩他所飽受的痛和恨，要成全他報仇的目的。

成昆裝醉姦謝之妻、殺謝全家，是他處心積慮的計謀。他分析自己的雪恨步驟：第一步要令謝遜恨他入骨，找他報仇。第二步是謝如找不到成昆，會不顧一切，胡作非為（知徒莫若師）。第三步是謝會濫殺江湖好漢，並留下成昆姓名，最後卻結下無數仇家。第四步是這血仇終會盡數報到明教身上（謝是明教的四大護法之一）。如果謝遜殺人時遇著凶險，成昆會出手助他殺人。

謝遜與卅多人及門派結下衝突仇怨，成昆更造成六大門派與明教的大型衝突。謝遜一生不快樂，常咒罵賊老天。成昆更不開心：愛「妻」為人所奪，惟一愛徒，又恨他入骨。謝遜性格外揚而暴烈；成昆性格內蘊而陰險。兩人生命都充滿苦毒怨恨，並帶給世界更多的苦毒怨恨。

心靈創傷，好像練七傷拳一樣：外表暫時完整、內心寸寸破碎。以七傷拳打在大樹上，大樹表面絲毫無損，樹皮也不破裂半點，甚至樹葉也不晃動。樹被打三天後，樹葉萎黃跌落。半個月後，大樹全身枯槁。因為樹心脈絡已大半被震斷，有的扭曲、有的粉碎、有的斷為數截、有的若斷若續。

七種不同的傷害分別是：剛猛的創傷、陰柔的創傷、剛中柔的創傷、柔中剛的創傷、橫出的創傷、直送的創傷、內縮的創傷。樹的創傷猶似人的心靈創傷。當我們生命承受了許多解不開化不掉的創傷後，我們的生命好像失去了滋潤和光澤，充滿的是躁急不滿；我們有許多扭曲偏激的看法，有不少破碎經歷的回憶和半生不死的靜夜呻吟。原來練七傷拳的方法，是先傷損自己的內臟，傷害自己成功後，才能傷損別人的內臟。當我們心中充滿了痛恨，在要傷害別人之前，原來已經傷透自己。練七傷拳者有很大的後遺症，他因傷了心脈，會間歇性地狂性大發，不能自制。在現實生活中，滿懷心靈創傷的人，何嘗不是經常間歇性地將自己的憤怒和苦毒，以行為的暴力和言語的暴力，散發在我們周圍的人身上。

相信心理學可使我們對人的心靈創傷會有更深切的了解。著名心理學家艾力臣（Erik H. Erikson）認為，在人生發展中，零至兩歲的嬰兒期，是培養一生信任與不信任態度（trust vs. mistrust）的關鍵時期。[2]不信任的態度一旦形成，我們會很容易傷害自己、傷害別人。

信任是甚麼呢？信任是指對他人的可預見性、依賴性和真誠的評估。[3]我們怎樣知道一個嬰兒對別人的信任程度？紐曼認為，這主要看嬰兒能否有延遲滿足的能力（相對於心急、焦躁和絕望的情緒）；及他和家人交往時所表現出來的熱情、愉悅的狀態。對於嬰孩來說，信任是一種情緒，是他的需要得到滿足的安全感，是他被視為有價值的親身體驗。[4]

嬰兒為何會對他人不信任？因為照顧者對他的苛刻嚴厲，使他無法在生理上和心理上得到慰藉；另一個原因是他不斷經歷自己憤怒的暴烈，最終使他懷疑自己是否可愛。相反地，體驗到安全感和信任感的嬰兒，長大後較易與別人建立關係，並對周圍的環境及不可知的將來充滿信心，有著更好奇的探索動力。隨著信任度的增加，在揭露可能會被拒絕的信息和情感上，他會採取人際間較冒險的行動。在這種不斷願意探索和冒險之後，他和別人的關係往往在信任的培養中繼續成長。**5**

艾力臣認為，嬰兒能否培養信任，與他長大後的自毀行為有明顯關係。其理據是當一個嬰兒逐漸長大時，他會經常試驗照顧者（父母或保母）對他的態度。照顧者會否給予愛，會否停止一切令他不舒適的行為呢（例如不理會或責罵）？如果答案是否定的，他會表現出更強烈的要求（例如不斷地、高聲地哭）。當照顧者並不能表現出持續的關懷時，他會培養出一種自毀的習慣：特別傾向咬東西和咬牙。這種自毀傾向一經成為習慣，在他長大後，當他感到不被關心、感到被別人傷害，或不能阻止他喜歡的東西（或人）的失去時，他會傾向消沈在自毀式的消極和痛苦中，並會享受這種殘忍的快感（cruel comfort）。**6**

艾力臣繼續指出，在嬰兒期缺乏信任的人，心中會形成一種被傷害的情意結。例如他會有受別人排擠、逼害的錯覺，並且明顯地誇張自己受傷害的程度。有這種心理狀況的人，會有強烈的嫉妒及常與別人比較的傾向。我們要特別留意的是，這種有被傷害情意結的人，除了有較強的潔癖之外，在一般社交言談中，並不容易被察覺出來。7更值得留意的是，上述有被傷害情意結的人，遇到困難或與人關係緊張、衝突時，多會很快的灰心絕望。

艾力臣精警地指出，一個缺乏被愛經驗和不信任別人的嬰兒，長大後會有兩種危險的心理狀況。我們稱為投射（projection）和轉移（introjection）。所謂投射，就是當他懷疑自己是否被愛、被信任時，他會傾向埋怨，甚至攻擊身邊的重要人物（如父母、配偶、上司、同事、牧者、教師等）。其實不一定是這些與他接近的重要人物有甚麼錯，而是他心中的不信任的外在投射所致。另一方面，所謂轉移是指他將外在的事物轉變為自己心中的安全感，例如將儲積金錢、學位或忙碌的工作（甚至事奉）變為自己的存在價值和肯定自己的方法。

另一方面，美國心理治療大師薩提爾（Virginia Satir）認為，心靈創傷與人怎樣看自己有重大關係。她將人對自己的看法分為高自尊和低自尊。8

高自尊的人合理地看待自己的強處和弱點。他雖然知道自己有不少缺點，卻是一個喜歡自己，認為自己不錯的人。他遇到問題，會較誠實和客觀地檢視自己、面對問題。遇到困難重重時，他會較堅強；遇到問題人物，他會有較強的愛人的能力。

低自尊的人遇到問題，會很快消極悲觀。低自尊的人並不喜歡自己，並常感到被別人忽略和傷害。因為他認為自己根本不可愛，所以他不懂得也不願意去珍惜自己。既然他認為自己的不開心完全為別人所造成，所以他不會給傷害他的人好過。

更甚者，低自尊的人易走極端，他的思想、身體、心靈常被一種不穩定的情緒所掩蓋和擺布。9 他的思想可能是清晰尖銳的，他與人爭辯時，常「情理」兼備、咄咄逼人。因他是一個高度焦慮的人，所以他的心理和生理常受到巨大壓力，容易產生頭痛、胃痛、心痛、失眠、皮膚敏感等身心失調（psychosomatic disorders）徵狀。此外，他的靈命是低沈、混亂的，其實他離神很遠。薩提爾指出，低自尊的人的特徵就是「自尊敏感症」。有自尊敏感症的人，常常強烈願望別人做一些尊重自己的行為，以表現他在羣體中所受的歡迎程度和價值。他要求別人尊重自己，「做到出面」的程度，甚至到了操縱別人意願的地步，使別人和自己都備受壓力。

因為低自尊的人常有一種強烈否定自己的心態，他又將這種自己被否定、被拒絕、被壓制的不愉快感受的責任，完全歸諸別人。一方面，他自己有了一種受創傷的情意結（hurt complex）；另一方面，他又認為別人理應對他的創傷負上責任。所以他很容易被一種表面伸張公義公平、骨子裏滿有埋怨和報復的憤怒所驅策。到了這個地步，引用薩提爾的警告，他已變成了一個「盲目地懲罰自己和別人」的人。10

高自尊和低自尊的人，面對人際衝突時，會否有所不同？很明顯，高自尊的人面對人際衝突，較為主動去尋求改善。他會願意擴闊自己的空間，與外面聯繫；並且努力透過溝通和澄清去解決困難。高自尊的人顯然屬於伙伴型和妥協型。低自尊的人面對人際衝突，常有自憐自貶的傾向。屈就型與逃避型是其通常路向。攻擊與報復（鬥爭型），更可能是低自尊的人，面對威脅的另一選擇。

一九九四年九月廿七日，一個天朗氣清的早晨，我和志學在洛杉磯中國城飲茶。我向他吐露我過去兩年來經過的苦痛。他定睛望我良久，對我說：「校慈，你有一個容易受傷的心。」我非常驚奇，我以往從未發覺自己是容易受傷的男人。我回家細想，我父親是一個較容易發怒、很敏感別人怎樣看他、有自卑感傾向的人。他在四十二歲前，生意非常成功。後來聽信人言，往元朗開農場。一九五七年夏天，香港遇上十號風球，他生意破產，搬遷至木屋區和徙置區。我還記得，有一個早上，徙置區的鄰居連續兩個清早，沒有回應他早晨的招呼，他回家後很憤怒，認為別人看不起他。相信父親的自卑和憤怒對我的性格產生了影響。

王敬弘神父在台灣從事心靈創傷祈禱治療，已有兩萬個小時的經驗。他看見人在各種各樣的創傷中長大：有消極的創傷——父親行船，長期不在家；父母長期長時間工作，沒有培養親子關係。有積極的創傷——自己作了一件事後，被人嚴厲斥責或公開譏笑；在戀愛中被拋棄了。有家庭的創傷——父母婚姻不和，令兒女不安；有重男輕女，令女兒自卑；忽視排行中間的兒女，使他們容易產生較低的自我形象。

王敬弘為耶穌會士，經過湛深的靈命塑造訓練。他相信人將種種不愉快的創傷經驗，儲存在記憶之中。在祈禱治療時，他會請受創者閉目放鬆，讓自己的回憶和創傷一幕幕地浮起來，又讓神的愛和平安充滿自己，用愛洗去他的痛苦。王敬弘在祈禱時，會手按受創者的頭，念出聖經化口訣：「讓天父的慈愛、耶穌的寶血、聖靈的平安洗去你一切的罪、恐懼、自卑和痛苦。」11

書中記載了兩個感人例子。一位姊妹與一位弟兄談戀愛，起初非常愉快，後來極多爭吵。她來問王敬弘，王問她父母的關係，又問父母對她的態度。她答其父母不和，她更得不到父親的愛。王判斷這姊妹要在男友身上，找回父親的愛。王用祈禱醫治的方法，讓神的愛充滿她，讓耶穌的恩典醫治她一切創傷恐懼，讓聖靈的平安運行在她身上。後來她和男友恢復了愉快關係，並為自己生命得以完整而振奮。

另一個例子是一位五十多歲的弟兄，常間歇性地陷入一種很深的憂鬱和恐懼感，看過醫生和心理治療師也毫無轉機。一次他碰到一位為別人創傷禱告醫治的肢體，這肢體問他父母對他的態度及他的成長，他細心思想後答：「很好。」這肢體忽然問他：「你出生的時候有甚麼困難？」他有點驚異地答：「我出生時，臍帶纏著我頸，我差點死去！」這肢體為他出生時的陰影和恐懼禱告，讓耶穌的愛充滿他，抹掉他一切恐懼。這位中年肢體得到徹底的醫治和釋放。

一九九七年九月，我正遇上人際關係的衝擊，內心相當難受。在聚會中，我心情非常不平靜，相反的，恐懼、憤怒、苦毒和不安交織在心中。我心靈低沈到極點，想起應該為自己的苦痛祈禱醫治。我說：「讓天父取去我的恐懼（重複四五次），讓聖子耶穌取去我的憤怒（重複四五次），讓聖靈取去我的苦毒（重複四五次）。」我感到心中苦痛減了四分之一。我再說：「天父的愛充滿我（重複，同上），耶穌基督的溫柔充滿我，聖靈的剛強加給我。」那時感到內心寧靜、安舒正取代不安憂慮。我感到心中苦痛再減了四分之一以上。我最後說：「天父取去我一切的恐懼，耶穌基督取去我一切憤怒，聖靈取去我一切苦毒不安。」那時感到心中不快共減去七成以上，巨浪、惡浪變為平靜的湖波。

在我為自己和別人的創傷禱告的經驗中，一次的禱告很難徹底醫治心中積存已久的創傷。但如果持續地做，數次就會有較明顯的效果。

在醫治生命創傷，清理心靈障礙方面，屬靈操練有明顯的貢獻。耶穌會學者莊上敦說，一個基督徒的靈命進程有四個階段 **12**：

(1) 與神建立了關係。

(2) 因為人的罪和心靈障礙（psychic debris），使人不能進一步親近神和進入愛。

(3) 藉默契禱告（mystical prayer）開啟人心中最深層的封閉之

門。

(4) 在愛中與神聯合。

莊士敦強調在靈程第一、二階段中，人開始經歷了神同在的甜蜜。但卻因為兩個原因，攔阻人進入與神同行的豐盛。前者是人的罪。人需要認罪，處理隱而未現之罪，才可以更深的與神同行。後者是人的心靈障礙，包括人在成長中經歷種種創痛、恐懼和壓抑。心靈障礙是人被無意識（unconscious）地冰封（dormant）在人心中最深層的封閉之門內（第三階段）。因為這封閉之門是無意識層面，它就不能用意識（conscious）的方式開啟：包括知識、研究、神學、心理學和輔導等。人到神面前，必須放下自己的一切武裝和價值觀，「簡單」而直接地持續面對神、信靠神，將心開放。藉禱告潔淨、丟棄、醫治過去的眼淚和恐懼；也藉禱告將神的豐盛和榮耀再一次進駐人心中最深層面的冰封之門。人至此階段（第四階段），便有能力愛神和愛人，不再苦苦和不自覺地糾纏於自己的軟弱和挫敗之中。

有一個現代流行的名詞為受創傷的醫治者（wounded healer）。到底受創者是否自動成為醫治者呢？盧雲持不同的看法。他認為有許多人有隱藏的創傷，隱藏的創傷並不能加添別人的信心和釋放別人。有些人有開放的傷口。他們會說：「你看這個問題，我也有啊！」盧雲認為開放的傷口得不著醫治只能發臭，發臭的人怎助人成長。13

盧雲認為受創者要成為醫治者，必須經歷兩個步驟。第一個步驟是他能被神開啟自己內心的新天地。一般人每天的生活，都被許多人的需要、期望、意見、世界的憂慮等拖拉著，甚至不能停下來喘息。這是一種沒有個人內心空間的人。盧雲要求我們退下來（withdrawing），尋回自己。退下來，面對自己和面對神是一個痛苦和孤獨的過程，特別是當我們直接面對自己的美善和醜惡時。但盧雲勸我們在此時，千萬不要放棄這個禱告、安靜、默想的過程。因為透過找著生命的錨，我們內心就會有質的改變。這種改變就是我們透過神的恩典，感到自己珍貴和被愛。我們要先感到被愛（被神所愛），才能愛人。我們要先看見自己被神珍貴，才會擺脫自憐自卑。我們能明白生命本身是一份禮物，才能無條件地給人。我們要被釋放，才能釋放別人。這就是第一步：對神的專注（concentration）。**14**

第二步就是羣體（community）。羣體的意思是我們與軟弱者同行，並在神的恩典中，得著釋放和成長。我們必須糾正錯誤的假設——就是基督徒不應該有恐懼和孤單感，不應該有混亂和懷疑。這種看法會帶來自我壓抑、對自己和別人的控訴及屬靈生命和事奉的癱瘓。相反的，我們要彼此鼓勵，我們大家都需要神。沒有任何聚會、令會、神學、朋友、長者能取代神，成為我們的釋放和完整。只有耶穌基督成為我們的完整和釋放。我們可能都有孤單感，甚至生命飽受創傷，但正因我們這種苦痛和孤寂，使我們得著神更大的破碎和塑造。**15**

當我們白白的透過神的恩典，開創了自己和別人內心的新天地時，我們能釋放別人：我們容許和欣賞別人唱他們的歌、跳他們的舞、講他們的限制與恐懼。另一方面，我們與別人的關係扭轉了：彼此的威脅變為互相的接待；彼此的要求變為互相的釋放。這就是受創的治療者的內涵和真義。

以賽亞書五十三章1至6節所形容的耶穌基督就是一個受創的治療者的典範。首先，人子降卑，被人棄絕，成為憂傷之子。祂更主動肩擔我們的憂患，背負人類的痛苦。經過最黑暗的旅程，人子被提升了。經上說：「因祂受的刑罰，我們得平安；因祂受的鞭傷，我們得醫治。」這就是甜蜜的逆轉（sweet exchange）。透過主的傷痛，我們得到更大的祝福和醫治。憂傷之子經過黑暗旅程，變成和平之君，主也將這個叫人和睦的福音使命，託付了給我們。

註

1 金庸，《倚天屠龍記》（香港：明河社出版有限公司，1996）。

2 Erik H. Erikson, *Childhood and Society* (England: Penguin Books, 1965), p.239.

3 Philip and Barbara Newman, *Development Through Life* (Themoon and International Publishing, 1991), p.241. 中譯本：郭靜晃、吳幸玲譯，《發展心理學》（台北：揚智文化，1994）。

4 同上，頁241。

5 同上。

6 Erik H. Erikson, *Childhood and Society*, p.240.

7 同上。參 Arthur S. Reber 在 *Dictionary of Psychology* [(England: Penguin Books, 1985), p.667] 對 schizophrenia paranoid 的描述。

8 維珍尼亞・薩提爾著，吳就君譯，《家庭如何塑造人》(台北：張老師，1994)，頁 36。

9 同上，頁 43。

10 同上。

11 王敬弘，《心靈的治癒》(台北：光啟出版社，1993 年)，頁 72。

12 William Johnston, S.J., *The Mirror Mind. Spirituality and Transformation* (San Francisco: Harper & Row, 1981), p.9.

13 Henri J. M. Nouwen, *The Wounded Healer* (U. S. A.: Image Books, 1979), p.88.

14 同上，頁 91。

15 同上，頁 94。

4. 愛和順服的羣體氣氛

你愈能確定自己深深被愛，你便愈有能力去愛。

聖班立德

(St. Bernard of Clairvaux)

《倚天屠龍記》第一回記載了一個很發人深省的人物：看守經書的覺遠。他因為著名的楞伽經被偷，被主持罰挑水三一〇八擔。他從山下以巨大鐵桶，雙足纏大鐵鍊，鼓足氣力地挑到山上。到山上後，將這兩大桶水倒入井中。整個過程要默然不語。郭襄遇到覺遠挑水，用公平的原則來考慮，認為寺中對他很是虐待。她亦用實用原則去計算，認為覺遠千辛萬苦從山下取水上山，竟是倒在一個活井中！她為覺遠氣憤，感到他在浪費生命、毫無意義。

覺遠卻平和地領受了這責罰，當為自己修練工夫。他因專一，心境精進，這擔水的大苦事竟使他氣力、輕功和內功都大有進步。覺遠的謙忍造就了他更剛強的性格，亦影響了其徒兒張君寶（三豐）的行事為人。

這使我想起我們華人教會的生命深度。華人教會重視關係，推行教會家庭化，標榜彼此間多欣賞、多接納、多開放、多肯定。這都是好事。但沒有用愛心說誠實話（弗四 15），沒有用神話語勸勉、警戒和勉勵肢體（帖前五 14），教會將成為是非搬弄之所、藏污納垢之地。

輔導學的金科玉律說得好：愛＋對質＝成長。我的兒子君軒今年將近八歲，他長得健壯活潑。我很愛我的兒子，但我以前是一個失敗的父親，現在倒還不錯。在君軒一至三歲時，我傾向溺愛和縱容兒子。愛妻秀芳以前常埋怨我從不參與紀律兒子，只是她唱獨腳戲。我是潮州人，又是幼子，全家都很疼我，我是在較放任自由氣氛中長大的。我真的不懂教兒子，以致他在幼小時便有些行為偏差，不易馴服。君軒四至六歲時，我走向另一極端：經常紀律孩子。最大的問題是，我轉化不了自己的怒火，打得他太兇了。我記得我曾用大裝日曆上的鐵皮打他。我也是在被溺愛和過分被籐條鞭打下長大的。父親的怒火成為我的怒火。有時我和妻子過分「管教」兒子後，兩三日內君軒的老師會通知我們：兒子在學校有反叛和攻擊的傾向，他有許多情緒和憤怒壓抑在心頭。

這兩年我成長了。我追求心中的平和安靜，許多心結和傷痕都被神醫治紓解。我不容易責備君軒，更愈來愈少打他了。我有許多時間與君軒溝通：一起踢波、一起淋浴、一起爬山。我雖然和妻子明顯地表達我們對君軒的愛，但我們也常清楚向他表達生活的原則，甚麼是對與錯，甚麼是我們不喜歡的。

今年君軒當了循道小學二年班的班長。這幾個月來，我們從未收到老師對君軒行為的投訴。我和秀芳深深感受到，愛心和督責二者皆不可偏重的重要性；我們深深看見：兒子要成長，父母要先成長。由此，我想起自己過去十二年的牧會道路：最初四年，我著重事工。我成功了，四年開荒建立了一間七八十人的教會。第二個四年，我著重關係。我強調肢體彼此開放和接納，人數上升了。但我失敗了。因為人際關係不建立在聖經和靈命塑造上，是經不起危機和試煉的考驗的。後四年是我的自我重整時間，對我大有益處。

教牧神學家奧頓對現代教會一個普遍的現象非常驚訝：就是現代教會和教牧著作極少提及對信徒的督責，但這在傳統教牧（教父）著作中卻非常明顯。[1]督責不但是教會歷史的傳統，更是聖經的傳統。保羅勸勉提摩太時，指出他們當時婦女的問題，就是挨家閒遊，又懶惰又說長道短（提前五13）。保羅勸提摩太，要用百般忍耐，各樣教訓，責備人、警戒人、勸勉人（提後四2）。

現代人對督責很反感，但奧頓指出，督責並非一種高壓的行為，乃是在彼此尊重的對話中，給予對方改正的機會。督責要在愛的情況下進行。而且這種改正對方的行動是建基於愛、相互付出和信任。督責原文*vouthesia*（帖前五14上；或譯警戒）一詞，有警戒、輔助、警告、教導的意思。這並非在指控、失望、判斷和否定的情緒中所作的行動，乃是在鼓勵、扶助和愛中的委身。[2]但尼布爾（Reinhold Niebuhr）提醒我們，當我們要更正別人時，要小心自己陷入自義之中。

為何我們缺乏督責？其中一個原因，是當牧者或肢體要督責別人時，他們害怕會帶來分裂（divisiveness）。但奧頓的論證指出：事實上剛好相反。當一個基督信仰羣體長久缺乏教會紀律和教牧的督責，這羣體表面可能完好無缺，但內在早已瓦解和腐敗了。哥林多教會就是缺乏紀律和督責而表面風光，裏面腐臭不堪！另一方面，當一間教會愈少有督責性講道，這間教會對神認真的聆聽者就愈少！3

為何我們缺乏督責？可能我們以為我們各人應向自己負責，並且我們習慣了享樂和自滿。現代神學有一種反建制、反道德傾向（antinomianism）。它認為我們在基督裏乃是完全自由的，我們不應用任何規範、規條來規範自己。我們也不應壓制自己的自然欲念，更不要墮入自責和內疚之中。這種有濃厚自由神學、自由主義色彩的思想使我們陷入個人主義和自滿主義之中。實情正好相反，一個沒有被指正的生命，內疚更多。一個被適時及愛心指正（timely, caring admonition）的生命，其內疚和個人掙扎卻會減少。4

沒有執行教會紀律、缺乏教牧督責和肢體互相校正的教會很易落入腐敗和分裂中。另一方面，急促進行教會紀律和缺席審判（和一班肢體談論某肢體、執事、教牧的過失），也是造成互不信任、導致決裂的因素。

聖經明言（太十八 15～17），面對有過犯的肢體，處理的步驟是：

(1) 私下指正。〔不成功，進行 (2)〕

(2) 和見證人一起指正。〔不成功，進行(3)〕

(3) 交給教會(長老團或執事會，主任牧師是主要的長老)。

許多時，問題產生在肢體沒有做步驟(1)和(2)，很快把事件提升到教會長老團或執事會層次處理，將情況激化了，亦失去了改正肢體的機會。

另一方面，華人信徒很喜歡議論別人。他們不敢在別人面前指正某人，卻往往在別人背後議論某人。有時心中有許多氣，又遇到一些同樣激憤的人。於是因利成便，在某人家中，約了一班肢體，談論對一位肢體、執事或教牧的不滿。這是一個不公平的聚會，因為當事人缺席，沒有澄清、對話的機會。這是一個極度危險的聚會，因為某些人的主觀、積聚已久的怨憤、成長中的傷痕，很易在會中爆發，使之成為一個追討大會。在追討大會中，肢體甚至情詞迫切地為某些人的問題禱告。我認為這是雙重標準，這種禱告是虛偽的。(在會中已創傷了缺席的弟兄，竟又為他禱告？！)這是一個違反聖經的聚會。因為聖經叫我們無論做甚麼事，目的是要挽回肢體，得著肢體(太十八15)。被缺席議論、審判的肢體、執事或傳道，若知道了這個聚會，心中都會有許多被拒絕、不被信任的情結，並有許多不公平、尊嚴被創傷的激憤。這種缺席議論(審判)的聚會，多數都會引致肢體關係破裂、教會分裂。因為羣體審判實在蘊藏極大的殺傷力，一方累積更多不滿，另一方的創傷更深更大。

加爾文除了強調肢體必須依聖經指示來挽回弟兄之外，

他也十分重視柔和精神。不單教牧長老對犯過錯肢體要柔和，全教會也要柔和。不但私下指正要柔和，公開對質也要柔和（spirit of gentleness）。[5]馬太福音十八章15至18節很明顯說明教會紀律的目的，不是要將肢體定罪和趕離羣體，而是改正肢體及彼此復和。

在整個督責和指正的過程中，奧頓認為教牧比肢體有更重的督責責任。然而必須指出的是，督責必須包含兩個要點：柔和及健康的自我批評。[6]

如果不執行教會紀律、不教導和實行督責的教會使教會腐敗和內在瓦解；急速執行教會紀律和缺席議論（審判）肢體或領袖的行為又會加速教會分裂。我們應該建立一個怎麼樣的教會，以建立一個互愛、順服和合一的羣體？

小組教會可以是一個考慮。小組教會在神學深度和實行上不是完美，但它對我來說是一個很好的經驗。以前我所牧養的教會有許多福音上的閒人。他們可能曾經參與事奉，或者不再事奉，卻愛批評肢體，批評教會和批評領袖。並說要平衡領導，在教會內建立反對的聲音。小組教會的牧養哲學認為主任牧師是教會最重要的領導者。主任牧師是被神呼召、被神膏立的，全教會要對主任傳道相當愛護、尊敬和順服。[7]大衛雖被掃羅多番逼害，卻因掃羅為神所膏立，對掃羅仍非常敬服和尊重。在危急情況下，仍不敢動掃羅分毫（撒上二十四6）。

小組教會重視牧師的領導權柄，同時又著重下放權力，因為組牧參與牧養組員，區牧參與牧養組牧，教牧又牧養區牧。在領導模式和教會結構上，它是權力最集中，同時又是權力最下放的，因為牧師必須信任、委任，和訓練區牧、組牧來完成大使命。同時各領袖並非參與事工，乃是著實地牧養，裝備別人。另一方面，各領袖比較了解牧者的牧養工作，因此全教會領袖更齊心。

小組教會對教會健康最大的好處，是很少閒懶不結果子的信徒。因為一個肢體加入小組，他就是加入了一個福音隊工小組、一個關懷小組。在九七年九月我的教會有七十人，卻能動員五十二人落社區逐家福音探訪。

一間教會，若有百分之九十五的肢體追求愛心、禱告和順服素質，這間教會在防禦人際衝突、解決人際衝突上，會有很好的防衛網。反之，若只有百分之十、二十肢體喜歡執著個人意見、血氣，又不重視神的領導原則，教會便瀕臨四分五裂。這種沒有靈命塑造為基礎的羣體，要化解人際衝突，相當困難。

建立一個健康的堂會，當然可以從教會組織、牧養哲學去考慮。但更核心基木的，是要從自己開始，從個人的靈命塑造開始。

靈命操練大師班立德很著重謙卑的操練。他甚至認為一切的恩典是從謙卑開始的。**8** 因為神阻擋驕傲的人，賜恩給謙卑的人（彼前五 5）。主耶穌説祂心裏柔和謙卑，我們當負主的軛，學主的樣式（太十一 29）。謙卑是甚麼意思呢？班立德認為謙卑就是憂傷之餅、痛悔之酒。謙卑是當一個人認識自己後，深深看見和承認自己的不配！9

班立德指出基督徒生命中有十二種不謙卑（驕傲），從而產生不能相愛、不能順服、不能合一的心。第一至第六種驕傲是對同輩的藐視；第七至第十種驕傲是對長輩的藐視；第十一至十二種驕傲是對神的藐視。10

(1) **閒蕩的心**（curiosity）——閒蕩的心就是不嚴謹守望自己的行為和心靈。一副不著緊的心態。聖經教導我們「你要保守你心，勝於保守一切。」（箴四23）他卻不守護自己。雖然這並不是罪，卻向罪惡生活踏出了第一步。

(2) **鬆散的心**（light minded）——他著緊於別人得到的成就和擁有。他是從與別人比較而得到快樂。他以勝過別人為樂、不及別人為苦。

(3) **愚蠢之樂**（foolish merriment）——他滿足於膚淺的快樂和安慰。他喜歡嬉笑、「搞笑」、傻笑。他要突出自己來引以自豪。他是隨心中所喜好的去行。他從不反思自己的行為，更從沒有痛悔己行，深思自己的罪。

(4) **自誇**（boasting）——他喜歡尋找聆聽者，卻不願成為別人的聆聽者。他喜歡發表自己的重要言論，急於表達自己的感受；卻不投入別人的感受和掙扎。他甚至發表忍耐、謙卑的卓見，卻拙於實行。

(5) **與人不同**（trying to be different）——這個不謙卑的人甚至製造出一個屬靈的外貌，以勝利的屬靈生命表現出來。

但他愛自己的面子、尊嚴和名譽過於一切。他露出不謙卑「馬腳」之處，是他並不甘心作常人之事，特別是細微的工作。

(6) **自大**（arrogant）——這人沈醉於自滿和自我欣賞。他真誠地相信自己的本質比別人好（如自己比別人聖潔）。他是配得別人的讚賞。他並不反省自己。他相信自己的動機是崇高和良好的。

以上第一至第六種的人非常多。他們並不容易與別人相處。他們總善於指出別人的缺點，過分重視了自己的意見。認真的說，他們有自欺的情況。遇到人際衝突，要他們先作自我屬靈反省，是很困難的事。

(7) **僭越**（presumption）——至這地步的人，開始對長輩及屬靈長者不敬。他有明顯的負面情結（negative spirit），對一般的事和人有強烈的批評。他並不容易接受既定程序（如中斷別人説話及挑戰會議程序）。他可能屬事工忙碌型。與第五種相類似，他不屑於作小事，只想作大事。他自辯能力很強，難於認錯；被指正的時候會犯更多的錯！

(8) **自義**（self-justification）——這人從不真正低頭，以檢視自己的真相。他常在自己的錯失和罪中找藉口：
我沒有做過→我做了，但卻是對的→這不是很錯→這很錯，但我動機良善→其他人影響了我，我便做了（最大責任，始終不是我！）。

(9) **虛假痛悔**（insincere confession）——虛假認罪、淺淺的「痛悔」，比自以為義的人問題更嚴重。他實在以膚淺、含糊的認罪來面對別人的指正，甚至以謙卑的形象再博取別人的讚賞。他希望別人同情他，支持他，不再針對他的問題和罪。

(10) **傲慢和反叛**（arrogant and rebellion）——他如果被屬靈導師（長者）知道他的問題，要他真誠、痛切地悔改其惡行，他會公開挑戰，不服從長者領導的權柄。

第七至十種是對屬靈長者（導師）的不順服和藐視。如果教會有三至五個（或 2%）這樣的肢體，就很不容易了。但傳道人在此時更不可逃避督責肢體的基本責任。教牧提多在牧會上遇到不少困難，有許多人不服約束，常說謊話，又饞又懶。保羅要求提多要嚴嚴地責備他們，使他們在真道上純全無疵（多一 10～13）。遇到這些肢體，指正和督責的公開教導雖然已稍遲，卻不可不做。馬太福音十八章的紀律步驟更須謹慎地進行。

(11) **自由犯罪**（freedom to sin）——以班立德當時的背景來說，這些肢體已被逐出了修道羣體，再沒有導師和肢體看守著他。他並不懼怕將來末日之審判，卻對一些罪，仍猶疑不作。

(12) **習慣犯罪**（habitual sin）——到達不謙卑（驕傲）的最惡劣地步。這人再不懼怕神，並且在罪惡之中享受。真理會使人有安全感，但盲目（blindness）亦給予他安全感，與罪一起。

表現出第十一及十二種態度的人已到了極不謙卑、藐視神的地步。督責和指正應該在第十種態度出現前進行。教牧面對和督責不謙卑的肢體，要有被拒絕、被控訴，甚至反被指責的心理準備。他必須學習不害怕看見別人爭論和反擊的場面。這時，他便可能具備了解決人際衝突的能力，是一個伙伴型的化解人際衝突的能手。可見謙卑成聖，建立有愛和順服的羣體，是既不容易，也充滿挑戰的事奉。

註

1 Thomas C. Oden, *Pastoral Theology* (San Francisco: Harper Collins Publishers. 1983), p.266. 參 Cyprian: *ANF*, vol.5, pp.311, 335ff, 369ff; Eusebius, *NPNF* 2nd, vol. 1. pp.229ff.; Augustine, *NPNF* lst, vol.1, pp.219ff.; Seven Ecumenical Councils, *NPNF* 2nd, vol.14, pp.63ff., 125ff.

2 同上，頁 207。參 Gregory, *ACW*, vol.11, pp.66,249

3 同上，頁 211。奧頓認為一個常常逃避督責羣羊責任的牧者，他不配再作為牧者了！

4 同上，頁 213。參 Harsh, 1965, pp.20ff.; Oden, 1980, chap.1.

5 John T. McNeill, ed., *Institutes of the Christian Religion*, Library of Christian Classics, vol II (Philadelphia: Westminister Press, 1981), p.1237. 加爾文認為過分嚴厲的指正是危險的。

6 Thomas C. Oden, p.207. 參加五 26 ～六 2。

7 Ralph W. Neighbour, *Where Do We Go From Here* (Republic of Singapore: Touch Publications, 1990), p.196.

8 Bernard of Clairvaux, trans., G. R. Evans: *Selected Works of Bernard of Clairvaux*

(New York: Paulist Press, 1987), p.104.

9 同上，頁 103。

10 同上，頁 123～143。

5. 認識衝突的本質

不要用斧頭移開你鄰舍面上的蒼蠅。

中國諺言

一九九五年秋深晚上十一時半，我剛開完教會會議，拖著疲乏的腳步，趕回沙田穗禾苑家中。途經的士站，看見兩個中年男子扭在地上打架。一個女子（那位中年肥胖男性的伴侶）無助地站在旁邊叫停。我慢慢地走近他們，將他們分開了，並勸他們不要動粗。原來他們因為行車時兩不相讓，導至衝突。那較瘦小的的士司機，坐回司機位置，出言嘲笑那駕著半舊日本房車的肥胖男子。這男子氣得往車尾找東西來對付他。這個的士司機在開車走之前，高聲的說了一句：「揸住架爛鬼車！」那肥胖男子和女伴氣沖沖地上了車，要追上那架的士，絕塵而去。

隨著我接觸衝突日多的經驗，我愈來愈明白，甚麼不是衝突，甚麼是激發衝突的直接原因。威廉門在他那本《在教會教導衝突》的書中，談及衝突的三個定義[1]，它們包括：

(1) **實質的衝突**——爭持於一些事實、價值觀、目標和信念。

例如一部分執事認為應用一筆多餘的錢來裝修教會，另一部分執事卻認為應該用來發展差傳事工。

(2) **人際的衝突**——這是因為兩種或多種容易引起衝突的性格所導致。這與事情本身無關，問題是我們如何處理事情。例如一位同事的訴苦：「我希望能獨立地處理工作，但我的上司過分呵護我，待我像小孩子般，又要我經常向他匯報。」

(3) **內心的衝突**——意思就是在每個人心中，有時有不同的拉力、衝擊和鬥爭。例如一位牧者希望每個會友都喜歡他，同時又希望作一個指正肢體、忠於真理的講道者。

在眾多衝突定義中，我認為我博士論文的指導老師麥朗尼提出的定義，最為貼切和一針見血。他認為衝突是「對自己自尊的威脅，一種受創傷的感受，引致當事人用激烈的手段（drastic action）去恢復他的自尊」[2]。麥朗尼對衝突理論最大的貢獻，是他認為我們習以為常的處理衝突的方式是錯誤的：我們常用解決問題（problem）的方式來處理衝突（conflict）。我們常以為用理性的分析、討論和爭辯就可以解決衝突。麥朗尼指出，衝突和問題屬於不同的範圍。問題是存在於客觀、理性層面的；而衝突卻存在於主觀、感受層面。我們與人衝突，並非在於我們與人有不同的看法，而在於我們感到自己被侮辱，自己的尊嚴受傷害。例如我們所駕的汽車與別的汽車碰撞，兩部車的司機可以用理性討論責任誰屬、賠償多少。如果不能達成協議，可以請警察處理，讓法庭來判決賠償問題，雙方大可心平氣和地解決問題。但若是任何一方語出「你不懂駕駛！」、「你拿了幾年車牌？」，甚至「四眼狗」、「豬囉」的侮辱。彼此便容易面紅耳赤，初則口角，甚至動粗。問題是屬於理性範圍的，衝突卻屬於感性層面。我們不能用才智雄辯，辯贏了對方而平息衝突。但若我們勸服對方作出道歉，衝突強度可得以減少。所以當我們與別人衝突時，癥結不是誰更合理（合不合理是問題範圍，是解決衝突之後要處理的），我們最關注的，甚至不是事情本身的對錯是非，而是自己和對方的自我價值有否得到尊重，自我尊嚴有否得到挽回和恢復（restore）。

衝突在中國文化中特別不容易處理，因這是一個講面子的國度和文化。金耀基指出，中文裏有二個字，來表達面子的意思。第一個是「面」（或「面子」），是指人從社會成就（財富、才學等）而擁有的聲望；另一是「臉」，是團體或社會對一個有道德聲譽者的尊敬。前者是指社會性成就，後者則是指個人的道德人格。[3]

在中國文化裏，我們已將面子和自尊（self-esteem）合而為一。中國人愛面子又怕丟臉，怕遭人議論卻又樂於議論別人。由這一套「議論系統」引發的社會焦慮潛藏於每個人心底。我們把自尊心建立在這「議論系統」上，而自尊心又與面子混在一起。別人說我們好，自尊心就上揚些，就覺得有面子；別人貶我們，自尊心就下降，也覺得沒有面子。我們之所以這樣照顧面子，是因為我們要去成就自己在別人眼中的形象；而我們這樣在乎形象，主要是我們有強烈的順眾性格。[4]魯迅在他的著作中提及，在廿世紀三四十年代的上海，中國人「吃外國火腿」（被外國人踢屁股）雖然還不是有面子，卻也不算怎麼丟臉。因為比起一個本國下等人的一腳，竟然又彷彿近乎「有面子」！[5]高夫曼就提及，我們每個人內心都有一種強烈的要求，要保持自己的社會地位，要演好自己的社會角色。[6]

面子情結在中國文化中既有積極，也有消極的影響。積極一面，是我們似乎維護了社會的表面和諧。消極的，是我們有太多虛偽的門面工夫。[7]這種面子情結對中國人處理衝突的方式有重大影響。何大衞認為，中國人很小心，盡量不去傷害別人之面子，這不單是關心別人，更深一層的意思是避免彼此衝突，特別是避免對質和公開衝突的場面。何氏認為這種因為面子情結，引致逃避的衝突模式，是受到孔子思想的影響所致，因為孔子的理想社會模式是強調人與人的共融與和諧。[8]

由於「面子」不單涉及個人在關係網中地位的高低，更涉及他人對自己的接納和認受性，並他保有的權力，因此，在中國社會中，個人平時不僅要消極地「講究面子」，並且要積極地用種種面子工夫來「爭面子」。和他有關係的人若不能積極地給他「添加面子」，也要在口頭上對他「敷衍面子」。當他遇到重大困難，向有關資源支配者求「人情」時，資源支配者若不「給面子」，而予以拒絕，他會覺得自尊受損，很「沒有面子」。在有恩報恩、有仇報仇的社會規範下，他將來一有機會，也可能讓對方「面子上不好看」，最後是「大家沒面子」。所以在這種情況下，資源支配者最好是考慮「人情留一線，日後好相見」，給他「人情」。若資源支配者接受了對方的請託，就等於肯定了其社會地位，增加了他的自尊。他不僅覺得「面上有光采」，並欠了對方人情，一定要相機相報，這樣才「大家有面子」。在許多時候，資源支配者既不願答允對方請託，又不願損對方面子，而採用「拖」字訣，最後是不了了之。這是中國文化中面子與人情糾結的有趣面貌。[9]

對於面子與自尊的關係，東西方文化的處理很不同。西方是將面子與自尊分開。對西方文化來說，自尊是自我的成就。一個人願意使自己成長到何種程度，願意秉持何種的自我概念，就可以有何種自尊。在西方文化，一個人如果不能達致他自己製定出來的形象和目標，他會感到焦慮；在中國文化，一個人若不能達到社會製定出來的形象和目標，他也會感到焦慮。[10]在面子方面，西方人的面子觀，是看一個人如何在別人面前表現智慧、能幹、良好性格的程度而定。在西方，一切都從個人的喜好、定位和選擇出發；在中國，人的自我（self）不是一個個體（individual），而是一個關係社羣中的一員（a relational construct）。[11]

一位西方行政人員在一間亞洲醫院中工作，她發現負責實驗室的技術人員不在崗位，告病假在家休息。她差遣一位工友到其家取鑰匙，這位技術員拒絕將鑰匙交給這工友。這位西方行政人員遂親自到這位技術員家中取鑰匙，他交了鑰匙給她，她進入實驗室做了要做的實驗。其後數星期，她發覺她和這位技術員以前良好的工作關係漸漸變質。她請這技術員入辦公室，詢問有何原因攔阻了他們之間的工作關係。他否認有任何問題。最後，這位西方行政人員請教她的華人同事，這同事大吃一驚，因這西方行政人員損害了這技術員的自尊。最後，一位聰明的中國同事出手相助。他告訴這技術員：這位西方女行政人員為她所做過的這件事，感到尷尬和難過，她認為這種西方式的行為是不適當的。因為這技術員為這行政人員丟了面而同情她。他接納了她，而這技術員的面子也恢復了。[12]

我們已有不少關於自尊的介紹和實例。究竟自尊是甚麼？從心理學的觀點來說，自尊就是「所見的我」(the perceived self) 與「理想的我」(the ideal self) 的差別。[13]「所見的我」，就是別人對你的評估（evaluations）加上你對自己的評估。「理想的我」，就是你想成為怎樣的人，加上你感到自己應該成為怎樣的人（feel you ought to be）。「所見的我」和「理想的我」差別愈大，自尊就愈低；差別愈小，自尊就愈高愈強。

自尊的高低非常影響人際關係，也可能直接造成和引發衝突。低自尊的人易緊張，有神經過敏和強逼性行為的傾向。他們不易與人相處，常有由心理壓力引起之疾病。他們過分倚賴別人，對別人的批評非常敏感，追求別人的認同並抽離羣體。他們傾向認為自己不可愛、容易退縮和很難勝過自己的軟弱。

高自尊的人較易投入羣體，傾向理性的思考，更易成為領袖。他們較少處處認同別人，較少灰心喪志、較少防禦自己。他們有較多的信任，較能享受生命和較容易與神建立親密的關係。**14** 低自尊、過度敏感、心靈脆弱的人是造成人際衝突的主要因素。

從聖經的衝突例子來看，也佐證了麥朗尼對衝突的定義和詮釋。舊約記載了一個典型人際衝突的例子：就是掃羅與大衛的關係（見撒上十七～二十九章）。大衛殺了歌利亞之後，被掃羅立為戰士長，被眾人喜愛。大衛勝了非利士人，婦女羣起歌舞，唱「掃羅殺千千，大衛殺萬萬」。這就埋下殺機。掃羅的自尊受創，安全感和自我價值受威脅。聖經記載，掃羅甚怒，「從這日起，掃羅就怒視大衛」。掃羅在家中兩次用槍刺殺大衛不果，竟起來直接追殺大衛。掃羅明顯地感到自尊受威脅，深有被創傷的感覺，以致他用激烈殺人的行動來恢復自己的自尊。大衛卻有耶和華同在（撒上十八12），因而有安全感。雖被掃羅追殺，卻不報復。這又是高自尊生命和低自尊生命對危機的不同反應。**15**

新約路加福音記載了另一個衝突例子（路九 51 ～ 56）：耶穌和門徒向著耶路撒冷走，門徒經過一個撒瑪利亞村莊，竟不被接待。門徒雅各和約翰光火，求主「吩咐火從天上降下來燒滅他們」。門徒為何光火，要用激烈的手段去報復？因為他們被拒絕，並且是被比自己更低地位的人所拒絕（撒瑪利亞人，在猶太人眼中，在種族上和宗教上都不是純正的，是混雜和次等的）。在門徒眼中，撒瑪利亞人完全漠視了耶穌和門徒的超然地位。所以聖經記載門徒說：「求主吩咐火從天上降下來燒滅他們，像以利亞所做的。」門徒要用激烈的手段，來證明耶穌和門徒自己超然的身分和地位。主耶穌清楚指出祂來世上之目的，更指出他們要認識自己：「你們的心如何，你們並不知道。」

我以前是一個憤怒青年。在讀神學時，我曾寫血書給滕近輝院長，要求改革、痛陳利弊。一九九三年至今，我經過一段漫長的黑暗歲月，期間有極多的困苦和挫折，非一般人可以想像。這兩年，我感到自己生命有一種奇妙的突破：我有了一顆較為平和的心（the spirit of gentleness）。一顆柔和謙卑、願意聆聽、勇於改過的心，是預防人際衝突和解決人際衝突的潤滑劑。這使我更有能力面對衝突和危機。我不再容易被激怒，亦很能體會別人的困苦憂傷。在不同的情況下，我作了使人和好的和平之子。這似乎是神百般磨煉我生命的目的，也是我寫這本書的目的。

註

1 William H. Williamon, *Preaching about Conflict in the local Church* (Philadelphia: The Westminister Press, 1986), p.11.

2 H. Newton Malony, *When Getting Along Seems Impossible* (Old Tappan, New Jersey: Fleming H. Revell Co, 1989), p.18.麥朗尼認為人際衝突的表層是我們的衝動行為和自衛機能，而內心才是人際衝突的根源。他將問題

與衝突分開定義，引致其重要結論：衝突存在於人心中，不存在於人與人之間（conflict exists inside people, not between people）。參 H. Newton Malony, *Win-Win Relationships* (Nashville: Broadman & Holman Publishers, 1995), p.9。

3 金耀基：《中國社會與文化》（香港：牛津大學出版社，一九九二），頁44。參胡先縉對這個字的闡釋：胡先縉 Hu Hsien Chin, "The Chinese Concepts of Face," *American Anthropologist,* vol.46, No. 1, pt. (Jan-Mar. 1944)。

4 余德慧：《中國人的面具性格》（台北：張老師出版社，一九八八），頁66。

5《魯迅全集》，卷六，頁128。

6 Erving Goffman, *The Presentation of Self in Everyday Life* (London: The Penguin Press, 1969), p.21.高夫曼提出外貌(appearance)與態度(manner)的觀念。外貌是我們社會地位的表達；態度就是盡力去演好這個角色（社會地位）。我們常要求這二者一致。

7 金耀基，同上，頁49。

8 Augsburger, *Conflict Mediation,* p.95.參何大衛的文章：David Y. J. Ho "Face, Social Expectations, and Conflict Avoidance." *Readings in Cross-Cultural Study of Counseling,* eds., John Dawson and Walter Lonner (Hong Kong: Hong Kong University Press, 1974), p.228.

9 黃光國：《人情與面子：中國人的權力遊戲》；李亦園、楊國樞、文崇一編：《現代化與中國化論文集》（台北：桂冠，一九七四），頁143~4。

10 張老師月刊：《中國人的面具性格》（台北：張老師出版社，一九八八），頁66。

11 William Gudykunst and Stella Ting-Toomey, *Cultural and Interpersonal Communication* (Beverly Hills Sage, 1988), p.87.

12 Augsburger, *Conflict Mediation,* p.84.

13 *Baker Encyclopedia of Psychology,* Fourth Printing, 1993, S. V. "Self-esteem".

14同上。

15Malony, *When Getting Along Seems Impossible*, p.16.

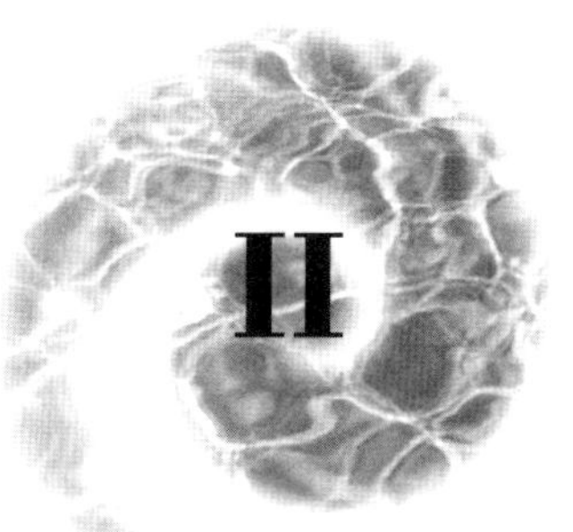

II

解決衝突的步驟

6. 步驟一：怒火鬆弛

所有肉體因素都受更根源的靈命因素所影響和支配著。這是自然的規律，不能相反。

《未知之雲》

（*The Cloud of Unknowing*）

一個健康的羣體會洋溢著互相接納、一起欣賞、彼此饒恕和順服領導的氣氛。如果當中的人能夠認識自己、同工以至肢體的衝突模式，當然更好。一個健康的人，包含對自己和別人的思想、言語、行為和心靈有敏銳能力和自覺能力，而他個人的心靈創傷開始或已得到從神而來的光照和醫治。這樣的羣體和個人，才具備健康的基礎去面對和解決人際衝突。

我的博士論文導師麥朗尼教授，對助我了解人際衝突的涵義，有很大的啟發。衝突不是意見分歧的問題，而是心靈受創的問題；衝突不是外面的問題，卻是內心的問題。衝突解決的竅門不是立即抓著對方談，而是先讓自己暫停、鬆弛和休息。麥朗尼認為鬆弛能助我們不再繼續傷害自己和傷害別人，並讓自己生命得著調息，回復最佳狀態。[1]在適當情況下抽離，也是一種重要的屬靈操練。2 每當我遇到人際關係的巨大張力，或處衝突情況，我會盡量爭取機會，讓自己的內心得著調息。尖東海旁、淺水灣畔、沙田香港體育學院十萬呎的一級青草地，是令我心靈得到很好休息的地方。若花港幣八十元往青年會焗桑拿，呼吸熱蒸氣房中的薄荷芬芳，也是一絕：

在攝氏74度25火暗黃燈光的小木房裏
　　沒有活動不必表現何需神采
　　　　靜　　　得怕人
　　炙熱　浸遍全身　　滲入百孔
　　汗水　從頭頂出發
　　　　滾成
　　　　數十條流得叫人微癢的小河
　　　　將毛囊中的污垢　迫了出來
在攝氏74度25火暗黃燈光的小木房裏
　　沒有活動不必表現何需神采
　　　　靜　　　在釋放人
　　忽然　走進幾個赤條條的大男人
　　　　沒有羞怯　哪有聲音
　　　　黝暗中　　只有自己
　　是　　完全
　　　　隔離的自己

清醒的自己

深思的自己

在攝氏74度25火暗黃燈光的小木房裏

沒有活動不必表現何需神采

靜　　在提昇你

看見自己

痛苦的自己　　快樂的自己

期望的自己　　現實的自己

美妙的自己　　創傷的自己

歎息　不安

轉化為

對神的交託倚靠

推開木門

450秒的靜思和炙熱

換回

一陣清涼

（九八年二月十八日　早上八時零五分　後記於美孚）

一個處於衝突張力中的肢體，除了鬆弛之外，可以做甚麼，我提議第一步是自我鬆弛數天，之後要問四個問題：

(1)　我和他[或他們（和你衝突的人）]有甚麼不同意見？

(2)　我和他有何過激言語和行為（在衝突中情緒表現和反應）？

(3)　我和他的自尊有否被踐踏和傷害？

(4) 我有否將自己過往的創傷帶進這衝突中？

前兩個問題較易了解，後兩個問題需要聖靈特別的提醒、恩典和光照，才有持平的了解、深入的透視。

麥朗尼提出在減低衝突中，自我反省的四個R，確有助「自我」醫治及彼此復和：[3]

(1) **回想**（Remembrance）——我是誰？我是被神所愛的（約三16），神用祂永遠的愛來包圍我、保護我和接納我（耶三十一3）。別人對我的誤解、憤怒、中傷、挑戰和侮辱，有沒有改變了這個事實？

(2) **肯定自己**（Re-affirmation of self）——我是一個有價值的人。我被神尊重。神就是我不能動搖的安全感和產業（詩十六5）。

(3) **悔改**（Repentance）——我有沒有傷害別人的言語和行為？我有否損害了別人的自尊？我有過激（over-reaction）的反應嗎？我是否欠缺了謙卑和溫柔（a spirit of gentleness）？

(4) **肯定別人**（Re-affirmation of others）——對方是神所厚愛的，是有價值的神的兒女，甚至是為神所用的。我們其實是同一陣線的。

研究人際衝突的理論指出，強烈和過激的情緒，有礙於化解衝突。強烈的情緒會使理性閉塞、阻礙思考能力。[4]另一方面：完全將自己的情緒置之不理，或將彼此的問題理性化（rationalization），如「我們的問題，是不同的取向而已。」等說法，都會使衝突惡化。[5]

學習聆聽自己的情緒是建設性的態度。6 創世記中記著：該隱大大發怒，變了臉色（創四5）。耶和華問他：「你為何發怒？為何變了臉色？」該隱如果聆聽了自己的情緒，可能答：「我為何發怒？因為我感到自己不被公平對待，我的自尊受損害！」若該隱聆聽並處理了自己的強烈情緒，他和其兄弟的悲劇可能改寫，他的痛苦可能得到醫治。

情緒是我們內心的信號。它將我們心底的問題顯露。但假若我們鎮壓自己的情緒，否認內心的問題，便對化解衝突毫無幫助。因為不被正視的問題，很難被處理。結果我們的內心更波濤洶湧，我們會更失落更易陷於情緒低潮。當我們學習到醒覺自己和別人的情緒，我們便勇於承認自己的不安、沮喪、恐懼和憤怒，這些情緒便開始不能再支配我們。

建設性的態度是我們願意為自己否定別人並隨之而來的情緒負責。但是，我們常將自己過激的言語和行為歸咎別人：「我和他爭拗到底，因為他不合理，我必須主持公義。」我們又將對方過激的情緒，完全歸咎於他：「他大大發怒了……他一向都很衝動！」

我們切須謙卑反省：別人的過激反應，我是否須負部分責任（可能我有某些言語、態度激怒了他）？真相可能是別人誤會了我的說話、行為和動機，而受到傷害。我是否願意為自己言行所招致的誤會，所造成的傷害，負上部分責任，向別人致歉？！羅馬書十三章8節說：「愛，就是常以為虧欠。」原來謙卑就是愛的精髓。當我們不再爭持誰對誰錯，而勇於說出以下的說話：「我知道你很不高興。我的行為也是導致你不高興的部分原因，對不起。」這種承認責任的態度，也表達了你對對方的關懷和接納。這種態度很可能會感染對方、溶化對方。7

有些時候，聆聽自己情緒、自我反省殊不容易。很可能不安、憤怒、委屈、恐懼和苦毒的感覺仍緊緊的抓著你。我的處理方式是：「求主耶穌的寶血洗淨我，天父的恩典覆蓋我，聖靈的能力剛強我。」念以上生活化的禱文三十遍後，我會感到內心的戾氣和創傷明顯地消減。羅馬書十二章14至21節提及一個誇勝的祕訣——祝福。提名並切實地為對方禱告和祝福，是一種內在更新的操練。

聖法蘭西斯對於「愛你的敵人」的透視和了解，常常深深地感動著、指導著我：8

> 若有人要學愛，他必須懂得愛仇敵的正確方法。做法非常簡單：你必須學習不要因為別人觸怒你、加創傷在你身上而難過；相反地，你要看見你的敵人，因為他的軟弱和罪惡正在傷害他自己！你要訓練自己，用相反的角度來思想。這樣，你會較為容易愛你的敵人。你可不必用憤怒來回應傷害，你可以藉著神的恩慈來回應種種加諸你身上的不公平和傷害。這是你的選擇。

> 除了罪惡以外，對神的僕人來説，沒有一件事值得難過和憂慮。無論你的敵人犯了何等可惡的罪，若你單單注目在他的行為之上，最後，你自己內心也會充滿許多內疚和自我控訴。何苦呢？！不如你將注目點放在「他的行為如何傷害了他自己」之上，這樣，你內心會流出憐惜和愛。
>
> 如果事奉神的人，常常這樣訓練自己，他會發覺自己內心——慢慢地有了一種不發怒、不發脾氣、甚至不難過的自由。這是一種義的生活。
>
> 這人會更進一步——不再為他自己所擁有的一切處處防衛，處處提防別人。因為他已經進入了一種自由——從敵人的壓制中得到了釋放。

這種釋放自己心靈、釋放別人心靈的屬靈操練和能力，正是平息自己憤怒和怨恨的良方，同時也是化解人際衝突的第一步。

註

1 Malony, *Relaxation for Christians* (New York: Ballantine Books, 1992), p.48.

2 Dallas Willard. *The Spirit of the Disciplines* (New York: HarperCollins, 1991),

p.158. 韋特蘭博士所説的投入的屬靈操練（the disciplines of engagement）及抽離的屬靈操練（the disciplines of abstinence）是調息屬靈生命的重要韻律。

3 Malony, "The Four R's of Christian Conflict Reduction," *Conflict Management Seminar (OD 755)*, Doctor of Ministry Course (Jan23-Feb3), (Pasadena, CA: Fuller Theological Seminary, 1995), p.14.

4 Roger Fisher and Scott Brown, *Getting Together* (New York: Penguin Books, 1988), p.44.

5 Dudley Weeks, *The Eight Essential Steps to Conflict Resolution* (Los Angeles: Jeremy P. Tarcher, 1992), p.55.

6 Fisher and Brown, *Getting Together,* p.49.

7 同上，頁 59。

8 David Hazard, ed. *You Set My Spirit Free: A Forty Day Journey in the Company of Francis of Assisi* (Minneapolis: Bethany House Publishers, 1994), pp.53 ~ 4.

7. 步驟二：恢復對方的自尊

使我作個和平之子。

聖法蘭西斯

(St. Francis of Assisi)

一九九五年五月，加州洛杉磯一個平靜的早上，一位從香港來的黃皮膚男牧師與兩位分別是黑皮膚和白皮膚的女宣教士鄰居出現衝突，令人驚惶失措。

我打從九四年七月來富勒神學院進修教牧學博士，至九五年五月已有十個月了。十個月！我的家庭已經和大部分居於這宣教士中心的家庭彼此熟悉。但我們和隔壁兩位女宣教士，似乎仍有隔膜；可能因為她們早出晚歸；也可能當我們每次和她們碰面打招呼時，黑皮膚的女宣教士雖然較和顏悅色地回應，但那白皮膚約四十多歲的女士仍一臉緊張和嚴肅。

這宣教士中心規定不可以在家中養寵物。但這兩個月來，隔壁花園的大花貓常來我們中心閒逛，常有三四個孩子圍著這小虎逗弄。我的妻子秀芳是貓狂。我們不給牠入屋，只在門外放些貓糧，以聯絡感情。不知甚麼原因，這兩個星期間中有驅趕貓兒的憤怒踏地聲，弄得木造的樓梯發出巨大噪音。其中一次我們出門一看，只見貓兒走了，貓糧翻了，小孩哭了。我知道加州的法律，驚嚇動物是一種對動物的傷害，傷害動物是嚴重罪行。令我氣憤的，不單是白皮膚金頭髮大眼睛美麗卓絕的八歲女孩安娜給嚇得哭了，而是有人竟不給我一點情面，多次「攪」上門來！

一天早上九時多，門外又傳來第四次憤怒的踏地聲，我衝出大門，見黑皮膚的女鄰舍剛急步下了樓梯，我喝著她，問她知否犯了法？我在氣憤中講錯了一句話：「你對動物尚且如此，你怎能夠做一個宣教士？」下午二時多，我家的門鐘響了，衝突臨頭。眼中充滿怒火的白皮膚女宣教士質問我，為何對她的朋友講這種說話。她手捧「住房章則」，一再逼我讀出「本舍不可養寵物」一段，接著又取笑我：「你懂英文嗎？原來你不懂英文。讀吧！」她們一陣強勢進攻之後，回屋去了。五秒後，我按動她家門鐘，對她說：「如下次再驚嚇動物，我會找警察。」

我坐在舒適的橙啡色單人大梳化上，思緒起伏，滿臉漲紅，心中不安。這是我來美國第一次用英語與人吵架。我痛恨自己剛才反應拙劣，我們沒讓貓兒入屋，根本沒有違反舍規。想起剛才她取笑我不識英文，不能讀出舍規的神情，我再感受辱。我安靜地坐在軟綿綿的大梳化上，一個小時後，怒火退了。我感到自己錯了，我和秀芳一起禱告。神提醒我要道歉。我思想了個多小時，在電腦打了信件，放於她們的大門下。我們在信中為我早上所講的話致歉。我們為自己忽略了鄰舍對動物的感受而驚訝。我們決定不再餵貓了。寫了那信後，我們心中安然。該晚七時半，我家的門鐘又響，那位白皮膚的鄰舍說收到我們的信。她們亦為自己所講過的話致歉，又說不介意我們餵貓了。我和她們一一握手，秀芳與她們彼此擁抱。我們一起禱告作結。後來她們因事搬離上址。那位白皮膚女宣教士樂意讓我助她搬沈重的行李，我就知道我們真正冰釋前嫌。我知道我們即將別離，但我們比以前更親近。因為神在衝突中憐憫了我們，我們的關係不退反進。

我清楚知道衝突原因不是因為我們與別人有不同的意見，而是我們彼此損害了對方的自尊。人安靜片刻後，怒火便會消滅。若我們願意行第一步，先恢復對方的自尊，這個衝突很有機會能得著化解，我們與別人的關係可能會更進一步。

一九九八年十二月二十日，我和油麻地牧區同工平息了另一場可能發生的衝突。當日下午油麻地區十間教會舉辦福音嘉年華會。下午二時半就要開始攤位遊戲，十間教會的肢體忙著布置攤位，球場的中央仍有童軍舉行步操。二時左右，童軍的大隊長怒氣沖沖地要見我們的負責人。我和二位牧者即時往見他。這位身裁肥大的大隊長火爆地說，他們租借球場至下午二時，卻有不少其他人已於一時許在球場內走來走去，視他們如無物，不放他在眼內！這本是一個可爭辯的問題，似乎錯的是社區中心，它沒有安排兩個緊接租借的團體有緩和的過場時間。況且我們的肢體只在場邊布置，若以人情論，應彼此體諒，不必一開聲便要見對方的最高領導。我已累積了數年傷痕纍纍的衝突經驗，所以不爭辯，只和好朋友黎振滿和陳誠東立即向大隊長道歉。我們簡略講了自己的處境和困難，但始終是我們不對，希望他原諒。因著我們三人誠意和由衷的致歉，大隊長紅一塊青一塊的臉容漸漸和悅起來。我們帶著柔和的心情繼續忙碌於當天的事奉。

我知道恢復對方自尊的行動，對絕大多數人來說並不容易。許多人會擔心，「是否我要承認一切都是自己的過錯？」「如果我道歉後，對方不向我道歉，我怎下台？！」「若對方得寸進尺，橫加侮辱，我怎可再忍受？！」這種不安和疑問是真實的，但不應拖延，逃避使我們更不安和內疚。主耶穌說：「你在祭壇上獻禮物的時候，若想起弟兄向你懷怨，就把禮物留在壇前，先去同弟兄和好，然後來獻禮物。」（太五23～24）我們已聽道多年，現在正是順服主的話的時間。我有兩個祕訣，第一個是交託，我的格言是：「順服是我的責任，後果全由主負。」我不去想「假如」「若果」「可是」的問題，心就清了。第二個祕訣是「置諸死地而後生」。心中打算願為主死，死也不怕，便沒有甚麼可怕的了。其實這就是福音精神。主耶穌說：「一粒麥子不落在地裏死了，仍舊是一粒，若是死了，就結出許多子粒來。」（約十二24）死就是順服，順服的人才看見神的奇妙與工作。

馬丁路德說過一個有趣的比喻，來鼓勵我們與人復和。「兩隻高大的山羊，從左右兩方，走上窄橋，下臨深水。牠們怎辦？橋太窄，不能後退。撞對方，同歸於盡，滾入河中。這時，若其中一隻山羊靜靜地伏下來，讓對方的腳蹄踏上自己的臉身而走過去，這次困難與衝突也會過去。」若我們願意忍受別人的踐踏，我們將可避過許多爭論和不和諧的漩渦。[1]

其實與人和好不能單靠人的努力。法蘭西斯說和平是一種從神而來的恩典和禮物。這是聖靈的工作，也是聖靈的果子。[2] 法蘭西斯的一生是使人和好的人生。他被稱為和平之子。在他的時代，基督徒與回教徒時有嚴重衝突。兇狠的蘇丹王甚至賞賜片片黃金給那些摘下基督徒人頭的回教勇士。法蘭西斯如何面對這種衝突，他勇敢地主動求見蘇丹王，說明他並非代表地上君王而來，乃奉神名字而來。蘇丹王被他的勇敢和尊嚴感動，賞賜他金銀。法蘭西斯對他說：「我不要金銀，我只要神的靈在你心內工作的徵兆。」蘇丹王驚訝於他一矢中的之應對，再厚賜他金銀，甚至提議他用於濟貧和奉獻給基督教會。法蘭西斯卻毅然引退。這並不是一次成功的使人復和的經驗。後來有人問他毅然引退的原因。他答：「我看不見神的靈在蘇丹王心中工作的痕迹，他的心並沒有被恩典所覆蓋。」[3]

屬靈操練怎樣幫助我們減低人際衝突？靈命（spirituality）是甚麼意思呢？它就是在神的靈裏的生活。這生活的核心是和平（*shalom*）。基督在以賽亞書中被稱為和平之君（賽九6），耶和華其中一個名字是耶和華沙龍，意思是神賜平安（士六

24）。和平這個字很豐富，它包含平安、和諧、完整、健康與協調的意思。和平的基礎是神，沒有神的充滿，人與自己、與別人、與世界、與神都不能有真正的和平。

神就是和平，當我們住在神裏面，神的和平就會在我們心內滿溢（overflow），在我們與己與人的種種關係中滿溢。當神的和平充溢，我們會從憤怒青年（中年及老年）更新為和平之子；我們的恐懼不安會轉化為舒暢交託；我們對別人的執著會轉化為饒恕；我們會從不安中學到放手；一切從自控（self-control）到主控（God-control）。若神的靈充滿我們，和平充滿我們，我們心靈裏的沈重感將得著釋放，變為喜樂。所以靈命塑造是減低人際衝突的關鍵。當我們被神的靈充滿時，這種和平會在教會羣體中滿溢。所以白恩奇認為，教會在世上的主要使命與功能，是幫助人類在重重傷痕和失望割裂的混亂關係中，得著復和。4

最後，我引用法蘭西斯的兩段話，來幫助我們更能夠準備自己，作個和平之子：

作個真正和平之子的第一要訣：常保持內心平和。這平和能夠管理你的思想和行動。為愛主基督而生活，無論這世界怎樣令你困苦，讓人從你身上見主基督。當一切風平浪靜，我們從不真實知道，我們內心的忍耐和謙卑有多少。當考驗來臨，種種不公平臨到你身上；在那一刻，你才知道你內心的屬靈寶藏——忍耐和謙卑有多少！竟然這樣少！5

許多神的僕人追求禁食、離罪和捨己，但可以因為別人一句說話而感到自己被冒犯、被醜化而憤怒難平？！我們這樣憤怒，因為我們視這一句說話為對我們個人的冒犯。當我們本來的權利被侵佔，我們也視之為對自己的冒犯。你如果是這樣的話，就說明你未學會「靈裏貧窮」的意思。靈裏貧窮就是不再為自己計算——無論那些是你的聲譽、地位和擁有。當你學到靈裏貧窮，你會藐視那些讓你更自私、更自我的事物。漸漸地，你不再計較別人對你的冒犯。是大是小的冒犯，也不再耿耿於懷，不安終日。這樣，神的自由便充滿你。到了那一天，你便是個有真正自由的人。[6]

這種在基督裏的真正自由，能使我們不再介意自己的自尊得失，不再執著自己，並樂意維護和恢復別人的自尊。這時，我們已具備條件，踏入解決人際衝突的第三步了。

註

1 Thomas S. Kepler, ed. *The Table Talk of Martin Luther* (Michigan: The World Publishing Co., 1983), pp.313 ~ 4.

2 Theo Zweerman, "Jesus word: 'Blessed are the peace-makers...' in the Interpretation of Francis of Assisi." *Studies in Spirituality*, 3/1993, p.107.

3 Joan Mueller, "Franciscan Reconciliation—The struggle to embrace joy." *Studies in Spirituality*, 6/1996 pp.41~42.

4 Eugene C. Bianchi, *Reconciliation: the Functions of the Church* (New York: Sheed and Word, 1969) pp.20.

5 David Hazard, ed. *You Set My Spirit Free: A Forty Day Journey in the Company of Francis of Assisi,* p.57.

6 同上，頁 65 ~ 66。

8. 步驟三：對談

回答柔和，使怒消退；言語暴戾，觸動怒氣。

箴言

衝突的化解過程和事後的處理，每次都不相同，重要的是把握基本要點。我在加州宣教士中心和兩位西國同工的衝突，一封道歉信就挽回了對方的自尊，大家對貓隻處理的分歧點，竟然不用再談就解決了！在我調和別人的衝突經驗中，我發覺人經常執著的，是別人對自己的傷害。當雙方挽回了自尊，彼此化敵為友後，分歧點往往可以妥協。

無論有否調和者（mediator）的介入，了解整個對談的過程和重點，對解決衝突都非常有幫助。在對談之前，我一定會分別與雙方見面，了解衝突原因、他（們）的創傷。我會對他（們）的傷痛表示關心和諒解，但我亦會跟他（們）對質。我會問：「對方是否也被你所傷害呢？」如他謙卑一點的話，他大多數會承認。我會進一步描述他傷害對方的程度，並鼓勵他在對談中向對方道歉。當一方認為自己全對，對方全錯，我會延期面談。在禱告中，我再察看他們的生命有否被神更新的痕迹。假若一方仍堅持自己在道理和態度上全善全對，沒有傷害對方分毫，這個對談便可以暫時取消了。

雙方若在聖靈光照下，能自省自己的靈命和有歉意後，對談便有好的基礎，可以安排對談了。對談的過程和重點如下：

	對談進程	正確態度/溝通技巧		錯誤態度/溝通技巧
(Ⅰ)	述說歷史			
	以往關係			
	衝突緣起			
	現在處境			
(Ⅱ)	重建關係			
	共同關懷	合作	←→	鬥爭
	恢復自尊			
	隱藏傷痛			
(Ⅲ)	處理分歧			
	探索方案	堅定/ 肯定	←→	攻擊/ 消極
	未來期望			
(Ⅳ)	復和行動			
		柔和 (雙 贏)		

圖七

（Ⅰ）述說歷史

這是對談的基礎，讓雙方重溫以往不錯或甜蜜的關係，看見現在彼此的困難和困局。調和者要說得簡潔，切忌冗長。集中談一二個衝突緣起的主要原因，不要講細節。這個階段雙方甚少搶著說話，因為他們心中最記掛的，是怎樣向對方致歉，和對方的態度反應等。如有發問，簡單解答便可，調和者要順勢進入第二階段，預備重要時刻來臨。

（II）重建關係

這個階段要強調和學習的衝突的溝通技巧，是合作（cooperation）而不是鬥爭（competition）。[1]

合作	鬥爭
(1) 有你有我（both-and）。	(1) 有你無我（either-or）。
(2) 強調共同關懷（underlying concern）。	(2) 強調負面：被恐懼、苦毒主宰。
(3) 較鬆弛氣氛，有適當幽默。	(3) 氣氛緊張，預備作戰。
(4) 結果可能涉及自己重大利益，強調彼此是伙伴，利益一致。	(4) 結果可能涉及自己重大利益，認為自己不竭力爭取，會失去一切。
(5) 意見清楚被表達，感受被尊重。	(5) 意見被隱藏，感受被定罪。
(6) 強調一起探索，彼此意見重點可以互相補足。	(6) 喜歡爭論，認為對方錯誤和危險。

圖八

爭鬥心態有強烈的危機意識，甚至猜測對方的動機有陰謀；合作心態強調信任和協調，有明顯的積極氣氛。這個階段的重要任務是指出，無論雙方態度消極或積極，雙方心底的期望是一致的：希望能建立彼此相愛的關係。恐懼和不安正是害怕對方拒絕和定罪的結果。當彼此認同雙方心底的期望和目標一致，恢復對方自尊和重現心中隱藏傷痛的任務便容易水到渠成。

一對親姊妹已經陷在嚴重衝突中五個月了。這五個月來，她們在家中互不理睬，並甚少回家。這對她們自己、她們一家、她們的學業造成很大的傷害。我分別與中四的妹妹和大學二年級的姊姊面談。我不單聆聽她們的心聲，還表達很關注和明白她們各自心中的感受和傷害。我也問她們「對方也有否被你傷害呢？」，妹妹承認她多次和姊姊爭用電話是不對的；姊姊流淚承認這五個月來「她入睡房，我出客廳；她出去，我入睡房（她們二人同住一房）」，極之排斥妹妹，確是傷害了她！

一天晚上，我請她們來我家吃晚飯，內子為此弄了豉油雞，買了她們喜歡吃的魚生。吃飯前，我要求大家手牽手祈禱，說這是我們家的規矩。姊姊很快牽著妹妹的手。這是她們五個多月來的第一次身體接觸。

飯後稍休，我囑兒子君軒入房溫習，我和內子則跟她們談。我先說我知道她們的情況，因我已分別與她們面談。我提及她們曾為著傷害過對方表示歉意。跟著我進入第一階段述史部分。我說她們以前無所不談，如膠似漆，經歷過爭用電話和一些衝突過節之後，現在她們各自都陷在情緒低落、難過的困局中。當她們靜心地聽我簡述過往和現在，我順勢進入重要的重建關係的階段。

我說當我分別和她們面談時，我發覺她們其實很重視對方。我安靜了十多秒，讓她們內心有一點調整和預備。接著我說：「我知道你們為了傷害過對方感到抱歉。你們都想向對方致歉，不知道你們誰先想向對方表示呢？」不到十秒，姊姊對妹妹說：「這幾個月來，你在睡房，我出客廳，你出客廳，我入睡房，分明和你對立，傷害了你，對不起。」妹妹不看姊姊，於是我請妹妹嘗試看著姊姊，她只看了一眼，便繼續低頭。我問妹妹是否聽到姊姊的道歉，她點頭。我再問妹妹是否願意原諒姊姊，她也點頭，表示願意。接著我問妹妹是否有道歉的話和姊姊講，她說：「我常和你爭用電話，是不應該的，請你原諒我！」我問姊姊是否願意原諒妹妹呢，姊姊點頭表示願意。

重要階段到來了，我要清除她們心底剩餘的疑惑、怨恨和傷害，於是問她們心中還有甚麼隱藏的不快。妹妹說她感到一切似乎沒有作用，因為「說過就是說過，這是無法挽回的事實」。我對她說我不贊同，雖然過去的事件發生了沒法改變，但人對那事件的感受卻可以改變。我問姊姊：「當妹妹向你道歉後，你對妹妹的感受有否不同？」姊姊答很不同，停頓了一會，又繼續說：「妹妹曾當面對我說以後不是姊妹，我非常難過！」我問妹妹是否說過這些話，她思考片刻說記不起是否說過這句話，但有說過類似的話。我問她願否向姊姊道歉，她願意，並說對不起。這幾個月的冷戰可能在她們心中留下傷害，所以我鼓勵她們說出心底不開心的感受。姊姊說：「她這幾個月似乎很開心，又多上街，似乎對我很不在乎！」妹妹說：「母親偏幫你，你又有男朋友，我還以為你不再需要我了。」這時的試探是將焦點放在她們的母親是否偏愛姊姊，或姊姊與她男朋友的實在關係上。我仍集中在她倆的關係上，不理會其他枝節。我說：「看你們現在流淚傷心的樣子，就知道你們很著緊對方了。」作為調和者，這個階段常需要澄清（clarification）彼此說話的意思、心底的意向，並鼓勵雙方將心底問題和感受講出來。因為感受是應當被重視和接納的（feelings and wishes are legitimate and acceptable）。

（Ⅲ）處理分歧

這個階段是要學習堅定自己（assertive）、肯定別人（affirmative）的溝通技巧，同時要防避攻擊（aggressive）和消極（passive）的傾向。2

堅定自己、肯定別人	攻擊和消極
(1) 直接和清楚地向對方表達自己的意見和感受；同時尊重對方有表達自己意見和感受的權利。	(1) 隱藏自己的意願和感受。控訴和抨擊別人。對別人懷敵意。
(2) 不害怕分歧，分歧是改進自己的機會。	(2) 分歧就是反對自己，針對自己的證據。
(3) 著重彼此關係，給對方空間。	(3) 只顧自己利益，壓逼對方。
(4) 有愛心、公開而直接的溝通方式。	(4) 出於恐懼和失望，製造更多恐懼和失望。
(5) 接受責任，願為自己過錯道歉；也期望對方為自己的過錯致歉。	(5) 不認為自己有責任，不會致歉。
(6) 對生命樂觀積極。	(6) 生命是殘酷的，人生是弱肉強食的。
(7) 強調「我們」(we attitudc)。	(7) 強調「你」(you attitudc)。
(8) 欣賞對方優點。	(8) 否定別人，防衛自己。
(9) 願意聆聽，一起探索。	(9) 忽視別人，表達負面。
(10) 表達信任、尊重、接納和愛護。	(10) 沈默，沒有積極回應，放棄。

圖九

學習堅定自己（assertiveness）的溝通技巧，對處理和面對衝突場面幫助重大。堅定自己的技巧甚至可以幫助當事人避過更多的衝突。我數年前是屈就型，處處想滿足別人。這不但令自己內心更緊張、壓抑和難受，也教更多人對自己失望，以致更易引發衝突。

主耶穌善用堅定自己的人際技巧。在馬可福音十章13至15節，有人帶了一些小孩來見耶穌，希望主觸摸和祝福他們。門徒認為這樣會阻礙主的事奉，便責備那些人。主清楚向門徒表達：「讓小孩子到我這裏來，不要禁止他們！」有一個少年官跑來跪在主耶穌面前，對主說：「我當做甚麼事才可以承受永生！」主耶穌和他交談了一會，就看著他，心生憐愛，對他說：「你還缺少一件：去變賣你所有的，分給窮人，就必有財寶在天上，你還要來跟隨我。」（可十17～21）當大祭司審問耶穌，問祂是否那當稱頌者的兒子基督，主的回答既不是轉彎抹角，也不是含蓄地語帶雙關。主說：「我是。」（I am）這就是主耶穌有愛心的、公開而直接的溝通技巧。

處理分歧的方法是解決引發衝突的問題。那兩姊妹衝突的激發點是爭用家中電話。她們彼此道歉，重建關係後，我問她們如何分配電話的使用時間，妹妹很快地答：「我以後會讓她，不會再和她爭電話了。」

有時問題的解決方法是多方面的。我提議用「列出可行方案」（brain-storming）的方式來討論。這可能需要多一點時間，但在公開、坦誠和彼此接納的氣氛下進行，成功的機會很大。

當雙方已充分表達過自己的意見和感受時，調和者要靠主給予的智慧，勇敢地提議當事人選擇其中一個方案。

美國富勒神學院院長莫理察（Richard Mouw）在提及衝突和解決方案時，有一番精闢描述[3]：

> 美國是世界上第一個民主自由的國家，那批基督徒開國元勳，其實也可以立基督教為國教，但是他們沒有這樣做，因為民主的基礎在於容忍別人的不同，在於「追求與眾人和睦」。早期移民到北美新大陸的基督徒，彼此並不和睦。公理會與浸信會的基督徒彼此不和，長老會與聖公會的信徒也常起紛爭。但漸漸地紛爭愈來愈少。基督徒逐漸學會彼此和睦共處，這種關係也延伸到對天主教、猶太教徒的尊重。
>
> 這種對於不同信仰的容忍，不久受到新興宗教運動的挑戰。摩門教公然實施多妻制；震撼派信徒退出社會，實行另一種封閉的羣體生活；耶和華見證人會拒絕讓他們生病的小孩接受輸血；基督教科學療病會拒絕生病時接受醫藥治療。
>
> 基督徒逐漸發現與這些新興宗教的相處之道：對於多妻的摩門教，基督徒政治家給他們設定一個法理上所能容忍的限度。一些其他的小宗教，則完全任其自由發展。對於有些極端

> 的宗教行為，像拒絕給病童輸血，基督徒政治家設立了智慧的法案，容忍孩子生病時可依耶和華見證人會的方式，不需輸血，但當孩子的病危及生命安全時，國家的兒童福利單位可以介入，有權帶走孩子，到醫院接受必需的治療。經過好多年的調整，整個美國無論任何信仰，不會因著宗教不同，破壞國家和社會的和諧。

一九九六年至九八年，三藩市華埠保護動物團體與華人海產業者發生了尖銳抗爭。擁有八萬會員的保護動物協會以照片、現場錄象投訴華埠海產業者對即將宰殺動物過於殘忍：活宰水魚、活剝田雞皮、活魚被扔在冰塊上喘息、將太多待宰動物擠進一個籠子……保護動物團體甚至爭取三藩市議會提出禁售牲畜法案。華埠海產、餐館商會還擊，説這是針對華人的生活方式，是種族歧視。因為許多保護動物人士的投訴是選擇性的。如歐裔喜好打獵，只為消遣便獵殺自由自在的動物，剝皮取角，卻未見保護動物團體抗議。其他族裔用熱開水煮龍蝦，時間很長；華裔殺海鮮，前後則不過幾秒。

三藩市市府行政官李偉良出面調停紛爭。保護動物團體不願背上「種族歧視」及不尊重多元文化的包袱；而華人業者也不能一味固守傳統，不顧其他族裔感受。雙方於是妥協：根據協議，華人海產業者須遵守幾項規定：以人道方式宰殺食用動物；動物未死之前，不得剝皮、剝殼或割取肢體和內臟；不得出售因病或受傷而死的動物，以及讓動物有足夠活動及保持正常姿勢的空間等。4

以上兩個例子是處理分歧的典範。處理了彼此的分歧後，我會提議雙方說出對對方和對彼此關係的期望。這會為復和行動打下基礎。我問這兩姊妹對對方及這段關係的未來期望。妹妹答：「就算不能再像以前一樣，希望也不要再做仇人，再冷戰，當對方是陌路人。」姊姊說：「希望大家能彼此相顧，互相珍惜對方。」我們共花了一小時十分鐘，她們雖然一位是天主教徒，另一位初返教會，我仍建議我們四人一起手拉著手祈禱，用幾句簡潔的話邀請主耶穌幫助我們，進入我們心中。主耶穌真的感動了我們，所以我用了手拉手、開聲禱告的方式來開始她們兩姊妹的復和行動。

復和，其實不能由外在的要求和壓力促成，也不能單靠人自己的努力就可以達成。真正的復和包括先向神悔過。這是一種深入的自我內在屬靈省察。人若沒有謙卑、柔和，並在主面前學習放手（let go），很難真正復和。

大德蘭說柔和是進入神內室的操練。當大牧者主耶穌以溫柔的呼喚召人進入主的內室，人會定睛於主的榮耀與威嚴，忘記和放下自己的種種執著，並且被主的平和、溫柔和謙卑所感染。5

這就是靈命操練對人際衝突的重大貢獻。

註

1 Augsburger, *Conflict Mediation,* p.52.

2 Randolph Sanders and Newton Malony H, *Speak Up! Christian Assertiveness* (Philadelplia : Westminster Press, 1985), pp.16~17. 欲進一步了解aggression，可參考 Leonard Backowitz, *Roots of Aggression : A Re-examination of the Frustration — Aggression Hypothesis* (New York : Atherton Press, 1969).

3 莫理察，〈憤怒抗爭時代中基督徒的風範〉，載於《校園雙月刊》一九九四年六月號，頁 5 ~ 6 。

4 《亞洲週刊》，一九九八年四月 20 ~ 26 日。

5 Teresa of Avila, *Teresa of Avila, The Interior Castle: Selected Writings,* trans. and ed. by Kieran Kavanaugh（New York: Paulist Press, 1979）, pp78 ~ 80.

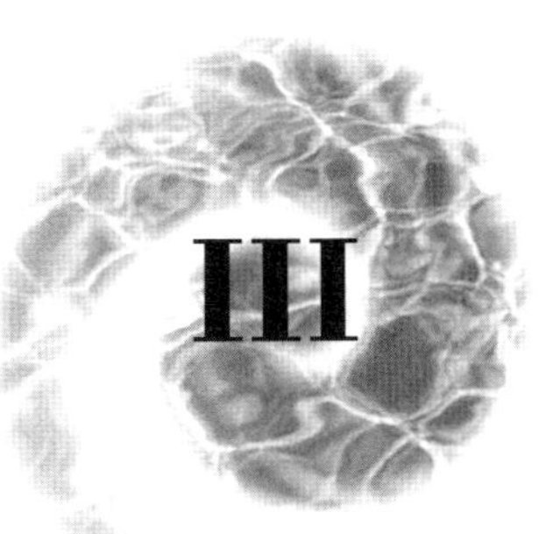

III

解決衝突的人選

9. 有效的調解者

調解者就像橫越惡水的一道橋，它不但要將分隔的兩岸連接，也要承受被踐踏的壓力。

使我作祢和平之子，在憎恨之處播下祢的愛；
在傷痕之處播下祢寬恕；在懷疑之處播下信心。

聖法蘭西斯

(St. Francis of Assisi)

法蘭西斯的《禱》陪著我踏過年輕歲月。這歌詞是何等的美麗、溫馨和浪漫！待我步入中年，才體會少年不識愁滋味。生活有它的醜惡，事奉有它的淒酸，人際有它的賣弄。雖然嘗過生命的光明與黑暗、美善與醜陋，我仍堅持人活著應該還我童真。若主帶領，我願作主的和平之子。

在一般情況下，如果衝突已經白熱化、羣體化，調解會較困難。一位人生經驗、事奉經歷老練的牧者曾坦白分享，他做過不下十家教會內部衝突的「和事老」，成功的個案卻很少。[1]

在作有效的調解者之前，應先認識沒有效果的調解者，以下是五種無效調解者的角色和態度：

(1) **大家長態度**——大家長很擔心衝突會影響和諧、合作的氣氛。他不要求雙方有徹底的悔改和復和。只要雙方走在一起吃吃飯，談談笑，敷敷衍衍就可以了。他不會仔細了解整個衝突過程，更不會作出對質。他相信只要彼此胸襟廣闊，表面能客套笑談，時間便會改變一切。可是，沒有悔改的復和不會帶來生命更新，沒有對談的復和不能化解彼此的不滿和誤會，不愉快的事件極有可能重演。

(2) **裁判者態度**——人有罪性，所以有容易判斷別人（judgmental spirit）的傾向。曾有一位較年長的外來調解者調解一間教會內部的不和。他在眾執事面前追問一位較年輕的牧者：怎樣作出決定？根據甚麼準則知道是神的引導？這較年輕牧者答靠著祈禱知道是神的旨意。這位調解者直率地說：「怎能單靠祈禱便知道是神的旨意？你知道這是神祕主義嗎？你對神祕主義有多少認識！？你知道嗎？我當下的神學碩士研究題目便是馬丁路德的神祕主義？」這次會談很糟糕。這位調解者沒有轉化自己的天然批判性。當這位年輕牧者感到不被了解、調解者竟然在其執事前奚落和拒絕他，以及將他定罪，開放和對談的門立刻關上。這些執事也不能接受這位調解者。

(3) **空降部隊態度**——空降部隊就是未經衝突雙方邀請，或是經過一方面邀請而未取得另一方同意，而強為雙方的調解者。假如調解者在衝突雙方心中形象崇高、關係密切，如父母、老師、牧者等，他可以順理成章成為雙方的調解者。否則，不請自來，隨意空降，輕則失敗而回，重則製造另一場紛爭和衝突！一間星加坡教會來香港作短期宣教，我負責接待。這間教會的牧者和我提及他相識的另一間香港教會，其牧師和傳道發生激烈衝突，這位星加坡牧者請我去幫助他們。我不認識他們，所以將名片給他，請這間教會的牧者親自聯絡我。這是調解人的重要原則。這間香港教會的牧者沒有聯絡我。半年後，我收到這位星加坡牧者的信，他很詫異我竟然沒有做空降部隊。

(4) **教導者態度**——教導者喜歡分析，事事講理，曉人大義。他通常基於聖經真理，再加上個人經驗來處事。他認為衝突雙方按著真理、跟著原則，放下自己芝麻綠豆的執著，必定能打開門戶見青天。教導者重視別人有否聽他的指示，不留心聆聽別人心裏的掙扎。這種大阿哥心態，不能造就衝突雙方，促使雙方有開放和徹底的溝通，最多只能達致雙方表面和洽的場面。

(5) **壁球手態度**——壁球手面對的是一個單打局面，這是調解者的陷阱。調解者可能只和衝突的一方稔熟，或者他沒有把握做調解（mediation）雙方的工作。調解者只和一方討論、祈禱和等候，花了許多力氣和時間，卻完全沒有接觸另一方。與一方充分討論，並得到信任後，調解者應接觸另一方。若得到另一方的同意，調解者可以按部就班地做，否則很可能浪費自己和別人的光陰。

另一方面，當你遇到衝突場面，很想介入成為調解者；或你被人邀請成為調解者時，你可以問自己以下十個問題，以測驗自己是否準備好，成為別人衝突的調解者：

(1) 我是否已得著衝突雙方的邀請或同意，成為他們的調解者？

(2) 我對於五個衝突性格和模式，它們的主型和副型的配合，有沒有初步的認識？

(3) 我是否敏於別人的心理張力（psychological tensions）和掙扎，如驕傲、自卑、憤怒、不安、低落的自我形象等？這些心理拉力都與衝突有直接關係。

(4) 我是否能明白別人的心靈創傷？脆弱的自我和創傷的心靈有很強頑的控制力和爆炸力（衝動）。

(5) 我是否能辨別問題（problem）與衝突（conflict）的分別？若先挽回彼此自尊，減低衝突，問題便容易解決。

(6) 我是否曾受人幫助，化解了我和別人的衝突？假若我曾受助，我會明瞭處於衝突的無助和慌張感受。

(7) 我曾否幫助過別人化解他們的衝突？成功的例子多嗎？假若我有協助別人化解衝突（甚至成功解決衝突）的經歷，我會有更強的自信心。

(8) 我是否願意花至少十至三十小時在這次衝突調解上？因最少要花三至五段協談時間，每段時間三小時，一般最少要用上十至十五小時。

(9) 我是否認識和掌握（熟練更好）處理衝突的技巧？是堅

定自己也肯定別人；是公正、謹慎又不將人定型；是尊重和同感（empathy），既能掌握關鍵，澄清問題又能敏銳聆聽，且能區別建設性溝通和破壞性溝通。

(10) 我是否貼近神？一個貼近神的人，是一個被愛充滿的人。他也容易將愛、信和望感染別人。貼近神的人是以恩典眼光看別人，以祈禱仰望的心來等候神在調解過程中的降臨。

你不必是完美才能幫助別人。以上十問，若你有五項答是，你可以考慮接受邀請，成為別人的調解者。若有七項答是，便很不錯的了。

至於調解者（mediator）的個人素質，當然非常重要。代莫頓認為調解者必須能被接觸（找到）、技巧熟練、公正而行事謹慎。[2]韋理察則相信作為調解者，必須了解衝突的行為和張力。他是一個接納別人、能在感情上支援別人的人。[3]

評斷別人是人罪性的天然傾向，謹慎而不易對別人下評斷，是調解者及事奉者的重要原則。

奧大衞在調解者的素質上有兩點重要補充。他認為調解者對衝突雙方，要表達出一種不偏不倚的中立關懷（caring neutrality）。這是一個純熟的、不偏心的、又能表達出關懷同感的態度；此外，願意學習（sense of exploration）的態度亦重要。因為他要表達出一種謙卑、願意開放和改變的態度。[4]當然，調解者最重要的素質是信任人（trust）。他愈多信任人，他愈易被人信任。當衝突雙方對他愈信任，調解衝突的成效愈大。調解者與衝突雙方關係愈好，愈容易水到渠成。信任包括他對別人的開放和可預見性（predictability）。可預見性是指容易被人明白和了解的行為、準則和方向。[5]

奧大衛有一段話：將調解者的素質講得非常精彩：「調解不但是一種定義、澄清、分辨及和解的能力（ability），調解也是一種吸納壓力、在被誤解下受苦、接受拒絕、承擔被別人疏遠的容量（capacity）。這種很易兩面不討好的位置是容易令人受傷害，卻是極為重要的；這是一種不穩定、卻對別人至為重要的服事。」[6]這說明靈命塑造是衝突調解者的基本功。韋羅拔重視領袖的個人成長。他說領袖經常生活在被誤解、批評、負面情緒張力、憤怒和低沈的風雨中。他必須有不退縮、不反擊的自由，他內心已成長到一個地步，能吸納負面情緒和壓力。[7]

在我調解別人衝突，甚至是別人調解我衝突的經驗中，我清楚看到一個事實：調解者的生命柔和、對別人的接納，會促使衝突雙方更容易彼此接納，處理衝突的進程自然更順暢。如果調解者生命充滿寬恕和體恤的心（gracious heart），衝突雙方彼此饒恕、不計前嫌的可能會明顯增加。

我們可以怎樣更經歷神，以致能成為更好的調解者，莫特曼認為，神的僕人在生活甚至在牢獄中，經歷過被人藐視、嘲諷、逼害、拒絕和失去尊榮，他就更能體會到基督的生活和命運；當他受苦愈深，他愈能感受到主基督的復活大能，他自己的生命也成為神的顯現。愛克特（Eckhart）更直接說，將神在人靈魂中「生」出來，最快的捷徑就是人經歷苦難。8

最近三個月，神呼召我每天用一小時，在祂面前禱告、靜默和讚美。我感到回歸天父懷抱的甜蜜，生活常體會神的充滿和同在。我感到自己在街上走得慢了、思想敏銳了、工作更有效率。許多家庭的壓力、事奉的挫折、人際的暗湧在主的同在下，得著轉化。十架約翰參照聖經雅歌，寫下其四十節驚世詩篇《靈頌》（*Spiritual Canticle*），以新娘和新郎的密切關係來比喻我們和神的感情，將人回歸天父胸懷的甜蜜和煉淨，表達得淋漓盡至。現將其中一節第二十八節翻譯出來與大家分享：

現在
　　我經營自己的靈魂
　　我一切專注
　　　　　　是服事祂
　　　　我不再看守羣畜
　　　　也不作其他兼顧
現在　　　　我一切生活
　　全是愛

十架約翰這節詩要表達的是，神所要的，是我們不斷提昇自己心靈，去親近祂和敬拜祂；祂所要的，是我們對祂的情和愛。當我們將自己的心思、情感、意志、體力都降服於主；當我們不再為著自己和別人的喜惡而生活；當我們心中的感覺和身體的知覺（interior and exterior senses）都貼近主的旨意；當我們不再被欲望和慣性缺點所控制；我們一切所作，是為主的愛而作。我們一切所苦，更是為主的愛而苦。如此，我們便能專心進入神的愛和旨意之中。[9]

世上有兩種力量，一種為恨的力量，一種為愛的力量。當我們靠主恩典，不選擇受制於恨，反而貼近主的胸懷生活，我們便被主的愛所煉淨和提昇。我們就能貼近主的愛、見證主的愛，也能使衝突雙方在主恩之中成為愛。

《禱》

(1) 使我作祢和平之子，在憎恨之處播下祢的愛；
在傷痕之處播下祢寬恕；在懷疑之處播下信心。
副歌：哦，主啊使我少為自己求，少求受安慰，
但求安慰人；
少求被了解，但求了解人；
少求愛，但求全心付出愛。

(2) 使我作祢和平之子，在絕望之處播下祢盼望；
在幽暗之處播下祢光明；在憂愁之處播下歡愉。

(3) 使我作祢和平之子，在赦免時我們便蒙赦免；
在捨去之時我們便有所得；
迎接死亡時我們便進入永生。

註

1 吳主光，〈聖經中的教會衝突〉，《教牧分享》，一九九七年十一月號，頁6。

2 Morton Deatsch, *The Resolution of Conflict: Constructive and Destructive Process* (New Haven and London: Yale University Press, 1973), p.388.

3 Richard E. Walton, *Managing Conflict: Interpersonal Dialogue and Third Party Roles* (Reading: Addison-Wesley Pub., 1987), p.112.

4 Augsburger, *Conflict Mediation,* p.197.

5 Fisher, Royer and Scott Brown, *Getting Together* (New York: Penguin Books, 1988), p.112.

6 Augsburger, *Conflict Mediation,* p.191.

7 Robect J. Wicks, *The Stress of Spiritual Ministry: Practical Suggestions or Avoiding Unnecessary Distress,* Robect J. Wicko, ed., *Handbook of Spirituality for Ministers* (New York: Paulist Press, 1995), p.254.

8 Jurgen Moltmann, *Experiences of God* (Philadelphia: Fortress Press, 1984), p.72。莫特曼這裏說的與基督的命運認同，就是默契主義者（mystics）說的與十架認同（the conformity of the Cross, *conformitas crucis*）。

9 John of the Cross, *Selectcd Writings of St. John of the Cross,* edit by Kieran Karanaugh (New York: Paulist Press, 1987), pp.266~8.

陳校慈，一九五七年生，原籍廣東揭陽，成長於宣道會觀塘堂。現於紐約華人浸信會事奉主。與校慈一起承受生命之恩的，是太太秀芳及兒子君軒。

讀者意見表

緊扣時代 服事教會

以文字傳揚基督真道

衷心多謝你購買本社書籍。本社一直致力以出版事工服事教會，幫助信徒扎根於神的話語，促進靈命增長。為使我們的出版更能滿足你的需要，請填寫下列各項資料，並寄回或傳真予本社。

所購書籍：＿＿＿＿＿＿＿＿

本書最吸引你的地方：

☐作者 ☐適切性 ☐文筆 ☐設計 ☐實用性

☐其他：＿＿＿＿＿＿＿＿

購買本書地點：

☐基道書樓 ☐基督教書店 ☐非基督教書店

性別：☐男 ☐女 職業：＿＿＿＿＿＿

信仰：☐基督徒 ☐非基督徒

年齡：☐ 16 歲或以下 ☐ 17～25 歲 ☐ 26～35 歲

☐ 36～55 歲 ☐ 56 歲或以上

學歷：☐中三或以下 ☐中五 ☐預科

☐大學 ☐研究院

☐我欲更多了解基道出版社的事工及考慮支持，請寄給我下列資料：

☐機構簡介 ☐新書資料 ☐「書中行」書會資料

☐《基道文字事工通訊》

姓名：＿＿＿＿＿＿＿＿ 電話：＿＿＿＿＿＿

地址：＿＿＿＿＿＿＿＿

＿＿＿＿＿＿＿＿

傳真：＿＿＿＿＿＿ 電子郵件：＿＿＿＿＿＿

其他意見：＿＿＿＿＿＿＿＿

＿＿＿＿＿＿＿＿

多謝賜教！

意見表可以傳真（2687-0281）或直接郵寄以下地址：
香港沙田火炭坳背灣街26號富騰工業中心1011室
基道出版社編輯部收